4 passos para a cura emocional

4 passos para a cura emocional

DESCUBRA O SEU PODER E LIBERTE-SE

ALEXANDRA ELLE

Rio de Janeiro, 2024

4 passos para a cura emocional

Copyright © 2024 Alaúde Editora Ltda, empresa do Grupo Editorial Alta Books (Starlin Alta Editora e Consultoria LTDA).

Copyright © 2022 Alexandra Elle.

ISBN: 978-85-7881-691-9.

Translated from original How we heal : uncover your power and set yourself free. Copyright © 2022 by Alexandra Elle. ISBN 9781797216263. This translation is published and sold by Chronicle Books LLC, Inc., the owner of all rights to publish and sell the same. PORTUGUESE language edition published by Alaúde, Copyright © 2024 by STARLIN ALTA EDITORA E CONSULTORIA LTDA

Impresso no Brasil – 1ª Edição, 2024 – Edição revisada conforme o Acordo Ortográfico da Língua Portuguesa de 2009.

Dados Internacionais de Catalogação na Publicação (CIP) de acordo com ISBD

E45q   Elle, Alexandra

       4 Passos para cura emocional: descubra seu poder e liberte-se / Alexandra Elle ; traduzido por Rafael de Oliveira. - Rio de Janeiro : Alta Books, 2024.
       208 p. : il. ; 15,7cm x 23cm.

       ISBN: 978-85-7881-691-9

       1. Autoajuda. 2. Cura emocional. Oliveira, Rafael de. II. Título.

2023-3350   CDD 158.1
                                CDU 159.947

Elaborado por Vagner Rodolfo da Silva - CRB-8/9410

Índice para catálogo sistemático:
1. Autoajuda 158.1
2. Autoajuda 159.947

Todos os direitos estão reservados e protegidos por Lei. Nenhuma parte deste livro, sem autorização prévia por escrito da editora, poderá ser reproduzida ou transmitida. A violação dos Direitos Autorais é crime estabelecido na Lei nº 9.610/98 e com punição de acordo com o artigo 184 do Código Penal.

O conteúdo desta obra fora formulado exclusivamente pelo(s) autor(es).

Marcas Registradas: Todos os termos mencionados e reconhecidos como Marca Registrada e/ou Comercial são de responsabilidade de seus proprietários. A editora informa não estar associada a nenhum produto e/ou fornecedor apresentado no livro.

Material de apoio e erratas: Se parte integrante da obra e/ou por real necessidade, no site da editora o leitor encontrará os materiais de apoio (download), errata e/ou quaisquer outros conteúdos aplicáveis à obra. Acesse o site www.altabooks.com.br e procure pelo título do livro desejado para ter acesso ao conteúdo.

Suporte Técnico: A obra é comercializada na forma em que está, sem direito a suporte técnico ou orientação pessoal/exclusiva ao leitor.

A editora não se responsabiliza pela manutenção, atualização e idioma dos sites, programas, materiais complementares ou similares referidos pelos autores nesta obra.

     Produção Editorial: Grupo Editorial Alta Books   **Produtora Editorial:** Gabriela Paiva
     Diretor Editorial: Anderson Vieira   **Tradução:** Rafael de Oliveira
     Vendas Governamentais: Cristiane Mutüs   **Copidesque:** Gabriela Nascimento
     Gerência Comercial: Claudio Lima   **Revisão:** Evelyn Diniz e Vinicius Barreto
     Gerência Marketing: Andréa Guatiello   **Diagramação:** Rita Motta
                                                        Capa: Marcelli Ferreira

---

Rua Viúva Cláudio, 291 – Bairro Industrial do Jacaré
CEP: 20.970-031 – Rio de Janeiro (RJ)
Tels: (21) 3278-8069 / 3278-8419
www.altabooks.com.br – altabooks@altabooks.com.br
Ouvidoria: ouvidoria@altabooks.com.br

Editora afiliada à:

Para os meus leitores

Quando nos curamos emocionalmente, curamos a nossa linhagem.
Curar-se é um ato de cuidado comunitário.

Para as minhas filhas

Amo-lhes além de palavras. Vocês são a razão pela qual eu me curo.

NOTA DA AUTORA: COMO NOS CURAMOS 8

1 Começando do Zero 21

Tendência à Incerteza e Medo 26

Oferecendo o Autoperdão 42

Abrindo Espaço para Novos Começos 47

Percebendo e Nomeando as Suas Necessidades 57

2 Fazendo Amizade com o Seu Medo 63

Identificando Seu Medo na Página 68

Enxergando a Dor como uma Parceira 72

Cultivando o Diálogo Interno Positivo 83

Amor-Próprio, um Dia de Cada Vez 94

3

Recuperando o Seu Poder 99

Descobrindo Sua Verdadeira Voz 103

Reescrevendo a Sua Narrativa 114

Fazendo as Pazes com Histórias Antigas 122

Nutrindo a Sua Criança Interior 131

Lições e Cartas para o Seu Eu Mais Jovem 137

Fazendo as Pazes com o Seu Passado 145

4

Curando o Seu Coração 149

Vá Onde se Sente Bem 163

Crescendo em Gratidão 174

Redescobrir e Estar na Alegria 184

Escrevendo Cartas para a Alegria 187

Liberando o que Não lhe Serve Mais 196

UM RECADO PARA VOCÊ 204

AGRADECIMENTOS 206

Durante anos eu tenho ensinado amigos de todas as esferas da vida em como usar a escrita como uma forma de cura emocional. Tenho conduzido oficinas de autocuidado ao redor do mundo e ajudei milhares de pessoas em suas jornadas de cura. No entanto, este livro quase não aconteceu. Minha insegurança e síndrome de impostora eram intensas. Eu me encontrei presa em uma espiral de pensamentos negativos, fazendo a mim mesma perguntas como: *Quem você pensa que é? O que lhe faz pensar que é qualificada o bastante para escrever isso? Você não é nenhuma terapeuta, nenhuma médica, nenhuma acadêmica com formação em pesquisa. Sua experiência não é suficiente.*

Com essa auto conversa negativa presente, eu ia para o meu computador e tentava escrever um livro sobre cura e autodescoberta e autoconfiança. Toda vez que eu sentava para escrever, meus olhos queimavam. Meu coração batia tão rápido, e minhas palmas suavam. A ansiedade ganhava constantemente. Na maioria dos dias, se afastar pareceu mais seguro do que tentar. Ao passo que eu me afastava, minha insegurança diria, *Percebe? Você é uma desistente. É por isso que isso não é para você. Você não é realmente feita para este trabalho.* Uau — intenso, certo? As histórias que contamos a nós mesmos podem nos moldar ou nos quebrar.

À medida que eu comecei a descascar as camadas do porquê eu estava tentando me convencer a não escrever esse livro, eu passei a perceber que estava preocupada sobre a coisa errada: Eu estava muito preocupada de que minha experiência não seja suficiente quando absolutamente é. E embora eu possa não ter um diploma em psicologia ou um trabalho de pesquisa em período integral, eu tenho a vida real vivida como aprendizado. Tenho sido machucada e tenho me curado — isso conta para algo. Eu percebi que o meu papel é ajudar as pessoas a aparecerem autenticamente em suas curas de maneiras que os deixem melhores do que estavam antes de ler esse livro.

Eu estou compartilhando esta história porque eu certamente sei que todos nós temos esses momentos de duvidar de quem somos, ou mesmo esquecer quem somos e até onde chegamos. Às vezes, nós somos nosso crítico mais severo. Cada um de nós, em determinado momento, tem criado histórias em nossa cabeça sobre quem não somos ao invés de focar na parte boa de quem somos. Talvez você esteja lendo isso e pensando: *Alguém realmente me disse aquelas coisas negativas sobre mim mesmo e minhas capacidades e eu acreditei nelas.* Não importa onde a sua pequena percepção de si mesmo provém, você deve lembrar que na cura e liberação de histórias irreais e projeções exteriores, evitar e fugir não lhe fará bem. A cura exige de nós entrar em contato com o nosso verdadeiro eu — e isso, meus amigos, exige de nós estar presente e ser gigante.

Eu tenho trabalhado em minha crítica interior na terapia nos últimos anos, e curar a parte da minha mente que me diz que não sou boa o suficiente é um trabalho em progresso. Sei que não estou sozinha aqui. Tenho tido a honra de ajudar milhares de pessoas em suas jornadas de escrever para se curar. A maneira expansiva na qual as pessoas apareceram nas páginas de seus diários explodiu minha mente todas as vezes. Eu observei que, através da escrita, as pessoas poderiam olhar honestamente para a sua dor de uma maneira que nunca puderam antes. Todo mundo diz a mesma coisa: "Eu quero me encontrar, curar meu coração, e libertar as coisas que estão atrapalhando isso." Porém frequentemente, as pessoas escolhem não olhar para suas feridas emocionais, traumas, e falhas porque eles não sabem como curar a si mesmos depois de descobrir a desordem.

Eu entendo isso. Fugi da minha dor por anos. Fugir resultou em muitos comportamentos destrutivos como automutilação, ansiedade, depressão, e ter uma criança aos 18 anos porque eu estava procurando por amor, conforto e atenção em todos os lugares errados. Curar o que nos despedaça é desafiador, mas um trabalho possível. Os humanos são complicados e falhos. Gostaria que normalizássemos isso e estejamos abertos para cumprimentar nosso medo e imperfeições exatamente onde eles estão.

Minha própria jornada de cura tem sido enraizada em escrever para curar — a prática de usar a escrita para desfazer minha bagagem, processar minhas emoções mais profundas, e criar uma nova narrativa para a minha vida. Em minha prática pessoal, escrever me molda, e continua a ser minha permissão para me mostrar falha e incerta enquanto também mantenho espaço para gratidão, potencial, e o reconhecimento do quão longe eu cheguei.

Escrever me lembra que eu não preciso ter minhas coisas resolvidas para começar minha cura. Em vez disso, é um lembrete para me apresentar como sou com a curiosidade em mãos, pronta para enfrentar o que estiver em minha frente na página. É uma ferramenta que me lembra que mesmo na dúvida, o trabalho que preciso fazer me encontrará onde quer que eu esteja. Enquanto me curo, venho para a página crua e honesta e lembro que eu não sou uma vítima dos meus pensamentos. Quando pensei que não conseguiria me recompor o suficiente para escrever este livro, as páginas do meu diário me permitiram descobrir não apenas o meu *porquê*, mas também o meu *porque não*. A clareza sempre nos encontrará se formos curiosos e corajosos o suficiente. Mas não será sem luta. A cura emocional é um trabalho lento e sagrado que todos nós vamos enfrentar em nossa vida.

Quanto mais eu exploro minha própria cura emocional e mais ensino cursos de escrita para a cura, mais eu tenho descoberto que o trauma não precisa ser o nosso lugar de descanso. Nós podemos sentir, abordar e perceber a nossa dor sem que sejamos imbuídos por ela e fiquemos estagnados. Para mim, isso é o que significa percorrer ou caminhar ao lado de nossa cura, levantando novamente sempre que tropeçamos ou caímos. Eu costumava pensar que isso era uma bobagem — não chegar ao destino de ser curada — mas quanto mais eu conhecia a mim mesma e os meus pontos de dor, mais eu percebi que o que é preciso é escolher não ficar no poço da minha dor, olhando para o que é, e usando as ferramentas que compartilho aqui. Não há ponto final para a cura.

A cura emocional na comunidade de bem-estar é frequentemente falada como um objetivo final. A mensagem sugere que, se pudermos apenas nos curar e superar isso (seja lá o que "isso" for), tudo ficará bem e bom. Mas a cura não significa que você não experimentará mais sofrimento ou ternura em relação à coisa original que o feriu. A cura é uma coisa para sempre, ou como eu digo aos meus clientes e alunos, um lembrete constante para amar e cuidar de nós mesmos — um convite para nutrir a nós mesmos como fazemos com todos os outros.

Nós nos curamos para criar espaço, para redefinir a nós mesmos e nossas narrativas. Para expandir e tornar-se melhor. Para perdoar, criar novas possibilidades e seguir em frente. Para construir comunidade e criar laços. Nos curamos para liberar a vergonha, manifestar amor-próprio, criar autonomia e começar de novo. Nos curamos para nos redefinir, enfrentar nossos medos e desenvolver autoconfiança. Nos curamos para consertar relacionamentos e aprofundar conexões com aqueles que nos rodeiam. Nos curamos para nos libertar.

A cura cria um senso saudável de união de uma forma que a miséria e o quebrantamento não podem. Eu sei que isso é verdade porque passei anos da minha vida criando vínculos traumáticos com pessoas, e não havia nada saudável sobre isso para mim ou para eles. Eu era codependente e presa em emoções confusas. Às vezes nos curamos para provar um ponto — muitas vezes há cura na prova, na mudança e em ter terceiros sendo testemunhas. Pode haver pessoas em sua vida, as quais não estão prontas para fazer seus próprios trabalhos de cura ainda, mas quando eles observam você mudar, quebrar ciclos e começar a se curar, é quase como uma permissão do que é possível para as próprias vidas deles.

Havia muitas pessoas em minha vida que não tinham feito sua própria cura, e elas me disseram que eu não passaria de uma mãe adolescente quebrada sem habilidades para a vida. Eu não apenas recusei acreditar nisso, mas também trabalhei duro para não ser o que as pessoas esperavam que eu fosse. Não vou deixar que as projeções externas me quebrem.

Você pode ser o único a fazer as coisas de maneira diferente em sua família, ou você pode ser o único decidindo ser emocionalmente livre em seu grupo de amigos. Eu sei que isso pode parecer isolador, mas não ignore a sua cura porque você está esperando que seus entes queridos embarquem nisso. Tome uma atitude, estabeleça limites e faça o trabalho porque você lidera a sua vida e eles lideram as deles. Lembre-se, você pode amar as pessoas profundamente e ainda optar por não ficar preso em padrões doentios com elas. Sua autocura pode abrir o caminho para os espectadores. É um convite aberto para que outros explorem como pode ser a cura em suas próprias vidas.

A cura é transformacional e cíclica, quer você tenha um braço quebrado ou um coração partido. O que quer que esteja doendo, quebrando ou desmoronando deve ser cuidado. Ignorar não nos conserta — causa rápida desintegração de nossa mente, corpo e espírito. Se não enfrentarmos o que está doendo ou dolorido, isso continuará a nos derrubar.

Descobri que me curar era uma escolha ativa de aprender com meus erros e lembrar do meu valor. Requer encontrar consistentemente o doce ponto de reparo para o momento. Por isso digo que é uma coisa para sempre, um amor para sempre, uma espécie de casamento. Confiar que a cura foi uma escolha ativa, que pode ser tão difícil quanto o inferno, me deu paz interior nos dias que mais doeram. Quando parei de perseguir a ideia de que seria curada para sempre depois que eu me curei pela primeira vez, a decepção de não ter uma experiência caprichosa desapareceu. Lembrar que não estou quebrada, que eu preciso tender para a mesma coisa que eu pensei que já tinha curado, me ofereceu uma sensação de graça.

Neste livro, convido você a se juntar a mim em uma jornada de cura, uma jornada de reconexão consigo mesmo e acolher a alegria que bate à sua porta. Minha esperança é que esse livro forneça a você os recursos para criar sua própria prática de autocura. Este é um convite para descobrir o que funciona e é bom para você. E mesmo que a cura emocional possa parecer e sentir muito diferente para cada uma de nós, todas temos algo em comum — o desejo de viver uma vida plena e libertadora, mesmo quando as coisas ficam difíceis.

Nas páginas seguintes, vou guiá-la por um processo de cura emocional de quatro etapas. No passo 1, abordaremos a insegurança e abriremos espaço para novos começos para que estejamos preparadas para percorrer o caminho à frente. Na etapa 2, trabalharemos no aprendizado de como fazer amizade com o nosso medo para que ele não nos controle mais. O passo 3 oferece lições sobre como recuperar seu poder e reescrever a sua história com intenção. E o passo 4 foca em se apoiar no que parece bom para que possamos viver com gratidão e alegria.

Este processo de quatro etapas é a mesma estrutura que eu tenho confiado em minha própria jornada de cura, é um processo que ajudou milhares de participantes da minha oficina de trabalho a curar os seus corações. Embora a cura nunca seja linear, minha esperança é que seguir estes passos irá fornecer-lhe um alicerce para a cura – construindo blocos para os quais pode retornar de novo e de novo.

Ao longo de cada etapa, você encontrará exercícios de escrita para seguir em seu diário. O registro no diário é fundamental para o trabalho que faremos juntos. Talvez você esteja lendo este livro pensando "Eu não sou um escritor" ou "Eu nunca fui bom em escrever um diário." Deixe esses pensamentos para trás. Escrever para se curar é para todos. Deixe o seu diário ser o seu confidente, seu companheiro e seu espelho. Um lugar seguro para desmoronar e se recompor. Quando escrevemos para curar, aparecemos para nós mesmos sem pretensão ou julgamento, e abrimos espaço para nos conectarmos com o mais profundo, as partes mais sagradas de nós mesmos.

Além dos exercícios de escrita, você também encontrará instruções de conversa, meditações e práticas de respiração. Juntos, esses elementos formam a espinha dorsal dessa jornada para a cura emocional. Escrevemos para desfazer as malas, dar sentido a nossa dor e manifestar novas narrativas. Nós nos conectamos com os entes queridos para construir uma comunidade e encontrar apoio. Meditamos e respiramos para liberar a tensão em nossos corpos e abrir espaço para a cura e alegria em nosso espírito.

Polvilhados ao longo do livro estão ensaios e entrevistas de uma variedade de mulheres incríveis — escritoras, atletas, terapeutas, artistas e muito mais — as quais fizeram um trabalho de cura profunda. É minha esperança que suas histórias lhe ofereçam esperança e inspiração em seu próprio caminho.

Ao percorrer este livro, lembre-se de que há sempre mais trabalho a ser feito. A cura emocional é um ato de restauração de linhagem — enfrentando e reparando os traumas que foram transmitidos através de gerações — e isso leva tempo. Mesmo que você seja a único em sua família trabalhando em busca da cura, não desanime. Você é capaz de liderar o caminho e definir o tom. Isso pode parecer muito pesado para carregar, mas lembre-se, você sempre pode desfazer as malas e deixar algumas coisas para trás. Tire alguns desses velhos sentimentos e hábitos fora da sua bagagem emocional. Se não está lhe servindo, deixe para lá. Nem todo mundo vai entender o seu compromisso consigo mesma, o seu bem-estar e seu trabalho de cura. Não se preocupe em não ser compreendida. Lembre-se por que você está se curando e mantenha a promessa para si mesma de continuar.

E quando a cura parecer complexa, complicada ou demais, eu a convido a descansar. Faça uma pausa e volte para o que você está tentando avançar, trabalhar e juntar as peças. Cuidar da sua cura é um ato de auto-nutrição que ninguém mais pode lhe dar e ninguém mais pode fazer por você. Você é capaz, mesmo que isso signifique que precise se afastar por um tempo para se recalibrar.

Em nossa jornada juntos, vamos olhar para as nossas falhas para que possamos enfrentá-las e curar nossas feridas emocionais em formas saudáveis e com apoio. Examinaremos também os nossos pequenos momentos de alegria, cura e gratidão. A auto celebração também faz parte deste trabalho. Faremos pausas do profundo trabalho de cura na página e olhar para a nossa vida através das lentes de alegria e aprenderemos a identificar o que nos faz sentir notadas, seguras e apoiadas.

Maya Angelou disse: "Nada funcionará a menos que você o faça." Guarde esta frase. Se você quer que a sua cura lhe traga clareza, você deve aparecer e cuidar dela – até mesmo o bagunçado e desagradável. Diga sim para o descanso, e também, sim para revisitar. A cura virá em ondas, então preste atenção a si mesmo, ao seu corpo e aos seus sentimentos enquanto trabalha em seu caminho através do bem e do mal. Quando nos curamos, começamos a curar a nossa linhagem, nossas comunidades e a nós mesmos. Isso, minhas amigas, é um ato radical *e* necessário.

Dez Razões pelas Quais Eu Me Curo

Em seu diário, intitule o topo de sua página "Por que eu me curo". Liste dez coisas que vêm à mente. Você pode fazer tudo de uma só vez ou voltar a isso à medida que as coisas surgirem em sua cabeça. Eu lhe dei algumas instruções abaixo para fazer sua mente funcionar.

Eu estou me curando porque quero…

Eu estou me curando porque preciso…

Eu estou me curando porque mereço…

Eu estou me curando porque sinto…

Eu estou me curando porque vejo…

Eu estou me curando porque amo…

Eu estou me curando porque meu…

Eu estou me curando porque sou…

Eu estou me curando porque posso…

Eu estou me curando porque escolho…

Quando sua lista estiver completa, escolha seus três principais motivos e escreva cada um em uma nota adesiva. Coloque cada adesivo em algum lugar em seu espaço de estar - cozinha, banheiro, espelho, mesa de cabeceira. Você também pode tirar a foto de uma nota e a definir como plano de fundo de seu telefone. Ver não é apenas acreditar, mas também lembrar. Se você precisa de um empurrão para começar, dê uma olhada na minha lista completa.

Eu estou me curando porque quero **liberdade emocional.**

Eu estou me curando porque preciso de **clareza.**

Eu estou me curando porque mereço **me sentir em paz.**

Eu estou me curando porque me sinto **aberta e pronta.**

Eu estou me curando porque vejo **as possibilidades de crescimento.**

Eu estou me curando porque adoro **olhar para trás e ver o quão longe eu cheguei.**

Eu estou me curando porque minhas **filhas estão observando.**

Estou me curando porque estou **comprometida em quebrar ciclos tóxicos.**

Eu estou me curando porque posso **criar a paz em minha vida e mente.**

Eu estou me curando porque escolho **confiar no processo e jornada à frente.**

Começando do Zero

A cura emocional é uma jornada sem fim. Até quando eu penso que superei algo, a vida joga uma bola curva em meu caminho e isso me coloca de volta em um lugar de insegurança e diálogo interno negativo. Essa lição surgiu para mim recentemente, durante uma viagem com minha querida amiga, Erika.

Erika e eu nos sentamos ao redor de uma mesa de madeira na casa pitoresca que tínhamos alugado. Estávamos conversando sobre nossas vidas e as muitas transições acontecendo para nós na maternidade, relacionamento e trabalho. Ela estava separada de seu marido. Eu tinha dificuldade em ficar em casa todos os dias durante a pandemia. Durante o jantar e com uma taça de vinho, nós falamos sobre tudo: o bom, o mau, as mudanças e as dificuldades. Lembro-me de pensar que havia algo terapêutico sobre a rede de segurança imparcial da irmandade. Foi tão bom ter um momento entre garotas sem interrupções.

Conforme a conversa progrediu das nossas vidas atuais para a infância, pareceu ser o momento certo para começar a cozinhar a torta de pêssego que estava fazendo por um mês direto. Eu tinha falado com Erika sobre essa sobremesa o dia todo — nós duas estávamos ansiosas para começar a comer.

Eu nem sempre me interessei por cozinhar. Quando criança, a cozinha não era um lugar divertido para mim. Bagunças não eram encorajadas e eu mais atrapalhava do que qualquer coisa. Eu assistia minha mãe cozinhar de longe. Por muitos anos, cozinhar pareceu mais como uma atividade proibida do que uma prática libertadora e sagrada. Então, quando eu estava no começo dos meus 20 anos, uma amiga próxima me ensinou como parar de pensar demais e, em vez disso, experimentar e sentir meu caminho pela cozinha. Olhando para trás, essa foi uma das minhas primeiras lições adultas sobre autoconfiança: não saber o que eu estava fazendo e tentar mesmo assim. Agora, como uma adulta, que ama cozinhar, especialmente ao lado das minhas crianças, eu tenho encontrado muita cura emocional em começar do zero, em fazer bagunças, com farinha nas roupas e açúcar adoçando as bancadas, e em lamber a colher de massa ou cobertura. Começando de novo, cada vez, para criar algo que gere grandes sorrisos e barrigas cheias — algo que nutre o corpo e a alma.

Isso é o que eu estou ansiosa para compartilhar com a Erika, a experiência nutritiva de se reunir com um prato compartilhado feito do zero. Quando o cronômetro da torta soou, nos apressamos para o forno, felizes e prontas para provar a sobremesa. Parecia deliciosa. Era o tom perfeito de marrom dourado e o açúcar tinha caramelizado lindamente. Nós duas podíamos ver a manteiga borbulhando como mini erupções embaixo da crosta. Eu estava tão animada sobre o quão bom parecia, tirei uma foto e enviei uma mensagem entusiasmada para a minha mãe e avó para mostrar minha criação feita em casa.

Em resposta, minha mãe escreveu de volta, "Sua culinária está melhorando..."

"Minha culinária está melhorando?" respondi. "Eu tenho cozinhado e assado por anos. Eu tenho uma família inteira para quem cozinhar — isso não é uma coisa nova".

A conversa ficou silenciosa após isso.

Meu sangue estava fervendo e eu fiquei tão frustrada comigo mesma por ter enviado a elas aquela mensagem. Naquele momento, eu pensei, Claro que minha mãe nunca pode apenas dizer, *"Alex, isso é bom!" ou "Bom trabalho! Estava gostoso?" Até mesmo um simples "Gostoso!" seria suficiente. Sempre tinha que ser algo que me deixaria questionando a mim mesma.* Eu olhei para o meu telefone com lágrimas em meus olhos, me sentindo machucada e boba por estar magoada. Erika me perguntou o que havia de errado e eu comecei a soluçar. Ela me envolveu em um abraço. "Está tudo bem, querida," disse ela em sua calorosa e amável voz. "Todos nós temos gatilhos nos quais ainda estamos trabalhando."

Quando eu me recompus nós conversamos sobre isso. Eu expliquei as emoções que tinha de me sentir desacreditada ou não boa o suficiente toda vez que fazia algo, grande ou pequeno. E ainda que eu tenha feito tanto trabalho para curar e processar coisas, como a relação com a minha mãe, certas interações — até uma mensagem de texto curta — ainda me colocava em uma situação estressante.

Contei a Erika o quão doloroso é se sentir como a única pessoa consciente em minha família e o quão desafiador e solitário é ser a matriarca da cura para a minha linhagem. Eu estava frustrada comigo mesma que não tinha ainda chegado a um ponto de aceitar que certas coisas sempre serão o que elas são. Começar do zero uma e outra vez, assim como as coisas que eu amo fazer cozinhar, era frustrante ao invés de recompensador.

A lição que emergiu deste momento de ternura foi que ou eu poderia fazer as pazes com a realidade das minhas circunstâncias ou continuar me colocando em situações onde eu espero diferentes resultados, porém sei que eu não vou tê-los. Isso não faz de mim ou de minha mãe boa ou má; apenas significa que certas coisas podem não mudar — e que nós somos diferentes. Eu era a única com o problema. Minha mãe não estava sofrendo como eu estava. Ela não tinha ideia que aquela troca arruinou a minha noite e fez eu me sentir invalidada e magoada. Eu ainda estava me curando das feridas da minha infância, as quais precisavam de minha atenção. Erika abriu espaço para mim e ouviu com gentileza. Ela me lembrou que nossos pais fazem o melhor que eles podem com o que têm, e às vezes o melhor deles não apoia nossa cura da maneira que queremos ou precisamos.

Eu aprendi a começar do zero tão bem que, assim como assar tortas, parece restaurador agora, em vez de drenante. Cuidar de nós mesmas e de nossos relacionamentos requer dedicação, comunicação clara e um coração aberto. Quando liberamos o controle e atendemos às nossas necessidades e desejos, a clareza se torna mais acessível, até quando estamos decepcionadas, desapontadas ou tristes. Os pontos de cura, pesar e dor vêm em ondas. Ter que começar novamente em seu processo não a torna fraca, indigna ou inalterada — isso faz de você um ser humano sintonizado com seus sentimentos. Permita que a adversidade em sua vida mostre apenas o quanto você está aprendendo. Deixe os pequenos momentos de alegria, como polvilhar açúcar mascavo sobre uma torta, lembrá-lo apenas o quão longe você tem chegado em seu trabalho de cura. Tudo não é tão ruim, até quando as coisas nos desafiam ou nos estimulam a crescer e expandir de maneiras novas e às vezes desconfortáveis.

Você pode pensar que a troca de mensagens não justifica uma resposta tão grande e emocional. Mas foi grande para mim, alguém que tem passado incontáveis anos em um relacionamento complicado com sua mãe. Principalmente porque toda vez que penso que estamos dando três passos à frente, algo acontece que nos faz dar dez passos para trás.

Eu compartilho essa história porque algumas coisas sempre precisarão ser tratadas em nossa cura — mesmo que pensássemos que estávamos mais adiantadas em nosso processo. Pedaços delicados de nossas vidas podem surgir a qualquer momento, e retroceder às vezes faz parte da cura. Não há nada de errado em ter que começar do zero de tempos em tempos. Sim, isso pode soar exaustivo. Contudo, reformular nosso processo de pensamento em torno da cura é necessário para o nosso crescimento e amadurecimento pessoal. É aqui que a graça, a autocompaixão e a autotranquilização entram em ação. Naquele momento com Erika, após minhas emoções se assentarem e a minha triste criança interior recuar, eu possuía as ferramentas das quais precisava naquele momento para me sentir melhor, me sentir recentralizada. Nesta próxima seção, iremos focar na tendência à incerteza e ao medo e trabalhar em algumas práticas destinadas a ajudá-la a se ancorar na jornada de cura, de modo que, quando for puxada de volta ao início de seu processo, você tenha as ferramentas para começar novamente.

TENDÊNCIA À INCERTEZA E MEDO

Em nossa caminhada pela cura, haverá muitos momentos de retrocesso e incerteza – momentos em que a dúvida e o medo ameaçam atrapalhar o nosso processo. Eu gostaria que esse não fosse o caso, mas é. A coisa boa sobre ter que começar novamente são as lições que podemos aprender se e quando prestamos atenção. Fazer as coisas difíceis que nos são pedidas quando se trata da cura, seja a terapia, o registro de um diário guiado ou as conversas com entes queridos ou com nós mesmas, é intimidador. A incerteza e o medo tentarão nos assustar. Mas fugir daquilo que tememos ver não irá fazer a coisa que nos causou dor desaparecer. Desconstruir a incerteza e o medo não é um trabalho fácil e pode parecer cansativo se não tivermos as ferramentas certas à nossa disposição. A chave é exercitar os nossos músculos emocionais de compaixão, compromisso e coragem.

Nós vamos trabalhar juntas para fortalecer aqueles músculos e descarregar nosso medo e dúvida por meio da prática da escrita. O convite aqui é para começar pequeno e ir crescendo. Muitas vezes, quando fazemos esse tipo de trabalho introspectivo de cura, tentamos abordar tudo de uma vez, em vez de pouco a pouco. A certa altura, eu era a rainha de fazer exatamente isso — pensei que apressar o meu processo de cura tornaria tudo mais fácil, e que apressar as coisas me permitiria ter mais tempo para passar para a próxima coisa que eu precisava curar. Isso não era e não é sustentável. O que eu falhei em perceber foi que levou anos de dor para chegar onde eu estava, então levará anos, se não uma vida inteira, de cura. Eu sei que nenhuma de nós se inscreve para ser um trabalho em andamento para sempre, mas essa é uma parte de ser humano em que devemos nos apoiar.

O descanso é uma parte essencial dessa jornada. O descanso nos dá a chance de cuidar de nossas mentes e corpos para que tenhamos as reservas para enfrentar a dúvida e o medo. Embora tenha havido muitos momentos em que eu tenha me sentido esgotada por muita cura, fazer aquelas pausas de descanso necessárias para não me preocupar com o que é delicado, doloroso ou de partir o coração me ajudou imensamente. Minha temida voz interior tentaria me persuadir a não fazer pausas, me dizendo que eu sentiria falta de algo se o fizesse. Eu resisti a fazer uma pausa porque duvidei que voltaria ao trabalho que estava fazendo. No entanto, após meses e meses de fuga do meu descanso emocional, eu convenci a mim mesma a confiar e acreditar no quão longe eu tinha chegado. Descansar não arruinaria aquilo ou me impediria de uma cura futura. Escolher dar um passo para trás me lembrou de encontrar alegria, confiar que eu era digna de conforto, e abraçar a felicidade que emerge no outro lado de todos os difíceis trabalhos emocionais.

Na maioria das vezes, sentimentos de sobrecarga vêm de tentar ver a imagem final em nossas cabeças — nosso eu "curado" — sem mais trabalho a ser feito. Nos apressamos porque queremos ser melhores logo. Mas à medida que você explora esse trabalho, eu gostaria de encorajá-la a fazer o contrário. Acelerar as coisas que precisa descarregar e reorganizar levará a mais frustração e menos autocompaixão. Isso pode derrubá-la e impedi-la de se levantar novamente. Eu aprendi rapidamente que a cura não funciona bem quando é acelerada. Ser impaciente não irá levá-la a lugar algum — confie em mim, eu sei disso por experiência.

Isso vale para a cura mental e física. Se quebramos um osso, nos cortamos ou machucamos uma parte do corpo, a paciência é necessária para a cura, certo? O mesmo vale para o bem-estar mental, trauma e bem-estar emocional. Se estamos assustadas por um término, em agonia por um abuso de infância ou nos recuperando de relacionamentos parentais ruins, precisamos do tempo adequado, cuidado e ternura para curar. Não podemos acelerar o processo da dor — devemos nos sentar com ela e passar por ela. Devemos aprender a ficar no meio de nossa dor para que possamos chegar ao outro lado disso. Permitir que a dúvida e o medo a assustem a levará para longe do objetivo final de paz interior, cura e graça.

Ao longo dos anos, eu também passei a perceber que estava assustada em tomar meu tempo e estar no meio da minha cura porque eu não tinha ideia de quais traumas, gatilhos ou dores do passado viriam à tona a qualquer momento. Não sou uma grande fã de surpresas, e esse trabalho de restauração de almas em que estou comprometida em fazer é de fato surpreendente. Duvidei da minha habilidade de lidar com as grandes emoções com as quais eu poderia me deparar à primeira vista. Aprender a fazer as coisas passo a passo — e em alguns dias, minuto por minuto — me deu espaço para confiar que eu poderia lidar com meu tempo para curar. Eu percebi que não precisava acelerar isso, mas tinha que sentir tudo. E quando não pude, também tive que confiar em mim mesma o suficiente para me afastar a fim de voltar com uma visão mais clara, um coração mais leve e uma mente aberta.

Eu não estou dizendo para não ficar com medo — porque esse trabalho pode ser assustador. Estou cutucando você para não fugir do que te assusta na página do diário. Olhe para ela e não duvide de que você é capaz de curar as partes gentis de si mesma e a sua história. Isso levará muito tempo, prática e falha. No entanto, quando você se compromete a permanecer com a sua cura, consegue aprender a ter paciência ao longo do caminho. À medida que você continua a praticar ficar perto da sua cura, em vez de abandoná-la quando a insegurança emerge, ela se tornará menos intimidadora. Seja paciente consigo mesma e com esse processo. A intenção do trabalho de cura que você está fazendo é lembrar a si mesma de cumpri-lo, mesmo quando estiver em momentos de incerteza e ansiedade.

Na próxima prática, na página 38, você começará a descarregar sua dor na página, pouco a pouco, e identificar onde e o que dói e como você quer se sentir. Esse exercício é a chave para construir a autoconfiança, o antídoto da insegurança. Quando você se compromete a descobrir seus verdadeiros sentimentos, você se compromete a reivindicar seu poder e permanecer corajosamente em sua verdade.

Curando com a Arte
Morgan Harper Nichols

Eu sou uma mulher autista que escreve e faz arte. Ambas eram coisas que eu comecei a fazer apenas como uma maneira de encontrar paz em minha própria vida. Antes do meu diagnóstico de autismo, que só veio aos 31 anos, eu vivia com o peso do medo, da ansiedade e de me comparar com os outros. Meu diagnóstico me ajudou a me entender melhor e aprender a como me curar.

Durante a maior parte da minha vida, eu me comparei com as pessoas ao meu redor. E não apenas como os outros criam ou o que fazem com suas vidas, mas também como as pessoas encontram paz — como elas encontram resolução. Por exemplo, eu amo ler o que outras pessoas fazem para cultivar o autocuidado em suas vidas. Às vezes, eu lia uma história sobre o método de cura de alguém ou o que ela estava fazendo para encontrar o seu caminho e eu pensava: *Se eu fizer isso, talvez funcione para mim também.* Meu diagnóstico de autismo me deu muita clareza sobre porque certas coisas não estavam funcionando para mim – como tomar um banho quente. Isso não é calmante para mim. A sensação da água na minha pele é estranha, sempre foi, e nunca soube o porquê.

Eu costumava pensar: *Eu deveria desfrutar isso. Isso deveria fazer eu me sentir melhor.* Eu acendia as velas e fazia o ritual inteiro. E ainda ficava pensando: *Por que eu não desfruto isso?* Quando recebi o meu diagnóstico de autismo, descobri que também tenho um distúrbio de processamento sensorial. Ter esse distúrbio faz com que certas texturas sejam estranhas. E até mesmo o toque da água na minha pele me deixa extremamente desconfortável e nervosa.

Eu lidei com muita ansiedade enquanto crescia. Minha família tem muitas complicações de saúde e os parentes dos quais eu era próxima faleceram em idades jovens. Eu sempre senti que a vida é tão frágil. Isso me fez refletir muito sobre o porquê eu ainda estava aqui. Tipo, o que era tão especial em relação a mim? Eu queria viver uma vida bela e significativa, especialmente se ela pudesse terminar abruptamente, a qualquer momento. Percebi recentemente que tenho a idade de um familiar falecido de quem era muito próxima e via quase todos os dias. Sentei-me e pensei: *Oh meu Deus, tenho a idade que essa pessoa tinha quando morreu.* Quando ela faleceu, era feriado e nós estávamos lá. Eu presenciei isso aos 11 anos de idade. Percebi que ela tinha 30 e poucos anos e agora eu também tenho — tenho lutado com isso. Eu realmente não sei as palavras para isso, exceto uma sobrecarga de ansiedade, estresse, raiva e luto, tudo misturado. Ela se foi e eu ainda estou aqui — isso explode a minha mente e requer atos diários de cura. Infelizmente alguns outros membros da família faleceram desde então. Cada vez, sou levada a um lugar de ansiedade. Por um lado, a perda me deixa grata pela vida. E, pelo outro, isso me faz pensar no que devo fazer. Eu imediatamente quero respostas. É um fluxo e refluxo constante para mim.

Grande parte da minha ansiedade vinha de ser muito dura comigo mesma. Pensei que tinha que descobrir a vida, sempre fazer a coisa certa e não estragar tudo. Mas ter essas boas intenções levou a mais ansiedade. Eu estava me forçando a trabalhar em uma lista de "ser uma boa humana" e esquecendo de cuidar de mim, o que aumentava minha ansiedade. Houve um tempo em que eu me comparava constantemente com os outros — mesmo quando estava apenas tendo um bom dia. Imediatamente eu pensava, *O que fiz de errado?*

Receber o meu diagnóstico de autismo tem me ajudado a entender melhor a minha ansiedade e meus medos. Descobri que na verdade tenho uma amígdala aumentada, o que significa que o medo e a ansiedade que sinto são aumentados. Foi tão bom saber que havia algo neurológico que estava fora do meu controle imediato. Sinto um medo tão pesado desde que eu era criança. Embora saber o que estava errado não consertasse ou removesse o medo, saber a verdade mudou minha vida. Eu poderia respirar fundo e me oferecer alguma autocompaixão. Durante anos, coloquei toda essa responsabilidade em mim para microgerenciar o medo que se acumula em minha cabeça. E agora eu sei que isso é maior do que eu. Chegar a um acordo com isso me permitiu ver as coisas um pouco mais claramente.

Pela primeira vez na vida, sem vergonha nem desculpas, resolvi tomar remédio. Antes de ser diagnosticada, isso não era algo que eu jamais teria visto por mim mesma. Eu pensei que tinha que descobrir isso por conta própria. Mas agora que sei o que realmente está acontecendo, tenho sido levada a buscar ajuda em um nível neurológico. Isso fez uma diferença significativa na minha vida. Agora eu estendo mais graça a mim mesma e faço as coisas que parecem curadoras para *mim*, mesmo que eu não veja outras pessoas fazendo o mesmo.

Estou aprendendo a fazer o que funciona para mim, meu processo sensorial e a minha cura. Uma coisa que funciona comigo é tomar minha medicação antes do banho, para que eu não me sinta tão inquieta e desconfortável o tempo inteiro. Eu tenho que limpar meu corpo, então tenho que passar por isso. E agora me sinto menos estressada porque o ritual de me banhar e tomar uma ducha não é minha praia. Eu sei qual é a minha praia, e tem sido desde que eu era uma criança — é desenhar e pintar.

Quando transformei minha arte em um negócio, por muito tempo tive a convicção de que precisava encontrar algo novo. Era como se minha arte não fosse mais minha para desfrutar, mas algo para compartilhar e dar aos outros. Senti que não poderia mais me dirigir a minha arte como um lugar de santuário. Era quase como se eu tivesse que ir a outro lugar para encontrar uma conexão mais profunda, algo que não estivesse ligado ao trabalho. Mas agora percebo que está tudo bem — sim, este é o meu trabalho — e também é algo que sinto que está curando minha criança interior. Quando há coisas acontecendo no meio do dia e estou colorindo, estou me curando *e* trabalhando. Essa parte infantil de mim, a Morgan de 6 anos no meu interior, está emocionada com isso. Então, não importa o que aconteça, tenho que manter isso como parte da minha vida, mesmo que tenha se tornado trabalho. Atender ao chamado do meu coração criativo mudou minha vida. Adoro fazer coisas que significam muito para mim e que podem me conectar com outras pessoas.

Desde que recebi o diagnóstico de autismo, sinto que estou aprendendo mais sobre mim mesma e recuperando partes de mim que designei para trabalhar, mas não é apenas trabalho. É também uma cura profunda e liberdade criativa. Quando começo a pensar que desenhar e pintar não é o melhor autocuidado, lembro-me que é disso que preciso — então vou fazê-lo. E estou muito orgulhosa de mim mesma por isso. Não é uma jornada perfeita. Ainda tenho dias em que sou muito dura comigo, mas definitivamente estou aprendendo cada vez mais sobre o que gosto, o que preciso. Estou aprendendo a realmente assumir isso.

À medida que me curo e sei o que preciso com mais clareza, também tenho descansado mais. O descanso emocional também tem sido essencial para mim. Fiquei mais confortável com o mundo tendo que esperar. Meu bem-estar é vital para minha sobrevivência e minha arte, maternidade e compromisso com meu ofício. Isso deve incluir descanso e recentralização. Em minha jornada de cura emocional, aprendi a ver que preciso de espaço. Isso não significa que estou evitando as coisas. Significa que reconheço que não posso manter tudo isso o tempo todo em plena capacidade. Tenho me dado mais permissão para deixar as coisas de lado por um momento e retornar a elas quando posso.

Eu me curo fazendo coisas que me lembram que sou um ser humano e, de várias maneiras, ainda sou aquela criança que só quer se sentir segura no mundo — e que não se sentia segura. Fiquei sem diagnóstico durante a maior parte da minha vida, lidei com muita coisa e não sabia o porquê.

Eu me curo voltando àquelas coisas que me fazem sentir segura e em paz. Quando era criança, eu estava tão sobrecarregada. Então eu recupero meu poder encontrando tranquilidade.

Eu me curo pintando.

Eu me curo rabiscando.

Eu me curo saindo de casa e tirando os sapatos e deixando meus pés descalços tocarem a grama e observando o movimento das nuvens e procurando formas.

Eu me curo olhando para as árvores.

Eu me curo de várias pequenas maneiras.

Voltar para as pequenas coisas que eu não conseguia perceber antes me traz uma sensação de paz — e agora isso me ajuda a me curar como adulta.

Estou me curando hoje ao curar meu eu mais jovem.

Morgan Harper Nichols *é uma artista, escritora e musicista.*

Identificando Pontos de Dor e Sentimentos

Faça três colunas em seu diário. Intitule cada coluna com uma destas perguntas: "O que dói?" "Aonde dói? "Como eu quero me sentir?" Comece com uma coluna de cada vez. Você pode escrever coisas grandes ou pequenas. O que quer que você escreva, certifique-se de ser honesta consigo mesma sobre seus sentimentos. Não importa se soa bobo, insignificante ou demais para o papel aguentar. Nunca é nenhuma dessas opções. Lembre-se, o objetivo é ser intencional e vulnerável. Ao listar suas palavras ou frases em cada seção, pare por alguns momentos para refletir e releia o que você anotou. Cada coluna deve ter de três a cinco itens. Não se sinta apressada para fazer esta prática de uma só vez. Volte para ele nos próximos dias e veja o que mais ressoa com você. Um olhar fresco sempre torna o processo um pouco mais fácil de trabalhar. Depois que seu gráfico estiver completo, escolha a coisa mais ressonante de cada coluna e descompacte-a perguntando a si mesma por que e como. Veja os exemplos a seguir e use-os como comandos.

> **O que** machuca? > Ser despedida do meu emprego. > **Por que** isso dói? > Porque me senti pega de surpresa por isso e agora estou lidando com sentimentos de rejeição. > **Como** você quer se sentir? > Quero me sentir como uma parte valiosa do próximo time em que eu estiver.

> **O que** machuca? > Perder minha sogra para o câncer de mama > **Por que** isso dói? > Porque ela era a cola em nossa família e sentimos saudades dela além de palavras. > **Como** você quer se sentir? > Mesmo nos dias difíceis, celebramos a vida dela. Queremos sentir sua presença sempre que pudermos.

> **O que** machuca? > Sentir que fui uma criança não amada e rejeitada. > **Por que** isso dói? > Porque ainda me faz sentir inadequada, perdida e sozinha na idade adulta. > **Como** você quer se sentir? > quero me sentir segura em mim mesma e amada em meus relacionamentos.

Diário

Abraçando a Sua Verdade

Para desenvolver a autoconfiança, temos que dizer a verdade a nós mesmas. Esta prática é projetada para ajudá-la a abraçar sua verdade para que você possa enfrentar a dúvida sempre que ela surgir. Para fazer isso, devemos ser honestas sobre nossos medos e pontos fortes. Este é um ato de coragem e vulnerabilidade. Estou convidando você aqui para identificar seus medos enquanto se afirma com uma linguagem positiva e de apoio. Vire para uma página em branco em seu diário e faça um gráfico em T. Rotule de um lado "O que me assusta" (medos e dúvidas) e do outro lado "Eu sou" (afirmações positivas).

Quando colocamos as coisas no papel, podemos ver nossa verdade diante de nós — grande ou pequena. Escrever as coisas nos faz ser contadores da verdade de uma nova maneira. Isso nos encoraja a nos aproximarmos de nós mesmas na página. É impossível correr, se esconder ou mentir para si própria.

Quando faço este exercício, gosto de ser o mais real possível comigo mesma na página. Pode ser muito desconfortável, mas esse desconforto provou ser extremamente útil a longo prazo. Por quê? Porque me obriga a olhar para as coisas que prefiro não ver. Isso me inspira a olhar não apenas para as coisas negativas ou desafiadoras da minha vida, mas também para as coisas positivas, e isso me dá coragem para continuar no caminho em que estou.

Meu empurrão aqui não é para virar as costas para a página, mas para voltar a ela. Se você tem medo de altura, anote isso. Se tem medo do abandono, anote. Se está com medo de nunca encontrar o amor outra vez, ou nunca mesmo, anote. Nada é muito ou pouco, desde que seja a sua verdade.

As listas podem ser tão profundas ou leves quanto você deseja ou precisa que sejam. O único requisito é ser assumidamente honesta sobre tudo e qualquer coisa que surja. Escrever para curar é identificar os pequenos momentos de medo, alegria, amor e gratidão que surgem. Nem sempre é sobre as grandes montanhas as quais temos que escalar; nossos vales são tão importantes quanto para explorar. Sua verdade nem sempre parecerá bonita e arrumada — e não precisa ser. Autenticidade raramente vem embrulhada em um belo pacote. Não estamos escrevendo para representar um papel; estamos escrevendo para sermos realistas e nos curar. Tenha isso em mente ao mergulhar nesse projeto.

Lembre-se de que a perfeição não é bem-vinda nas páginas do seu diário e que, se parecer difícil na primeira tentativa, tudo bem. Continue tentando. Você não precisa fazer esta lista de uma só vez; você pode fazer deste exercício uma prática diária. Se isso também parece intenso, pense em trabalhar nele ao longo de dez dias, adicionando duas coisas novas à sua lista por dia: uma na coluna do medo e outra na coluna da afirmação. Se precisar de um empurrãozinho, aqui estão alguns exemplos do meu próprio diário:

O QUE ME ASSUSTA	EU SOU/ESTOU
Não ser suficiente	Capaz de descobrir meu valor
Não progredir na vida	
Falhar e não ser capaz de me recuperar disso	Tomando medidas para seguir em frente com a minha vida
Morrer antes de viver a vida ao máximo	Aprendendo que o fracasso é uma parte do crescimento e do sucesso
Ser infeliz e não saber onde ou como encontrar alegria	Viva hoje e irei aceitar viver no momento
Colocar as necessidades dos outros antes das minhas e me sentir esgotada	Me permitindo recomeçar quantas vezes eu precisar

Cuidando de mim mesma primeiro para que eu tenha a energia e espaço para

compartilhar minha abundância

Agora, quando olho para trás em minha lista, lembro-me do quão longe cheguei. Algumas coisas na minha coluna do medo ainda me assustam um pouco, mas não são tão ressonantes quanto antes. Minhas afirmações me mostram que, mesmo com medo e dúvida, posso ser paciente, gentil e compassiva comigo mesma e com meu processo. Ao trabalhar em suas listas, lembre-se de liberar aquela voz de julgamento dizendo que você está fazendo errado ou que o fato de você ter medo disso é bobagem. Essa voz está mentindo para você. Chegar à raiz de sua cura exigirá que você seja corajosa o suficiente para silenciar essa crítica interior. Quanto mais fizer essa prática, mais aprenderá a sentar-se em harmonia com o desconforto que pode surgir. Dê a si mesma a permissão de estar presente nas páginas. Não se apresse para fazê-lo. Controle seu ritmo e preste atenção em como está se sentindo ao longo do processo.

Estou Criando Espaço

Abrir espaço para clareza, descanso e cura exigirá se livrar de pensamentos, sentimentos e coisas que nos pesam e nos mantêm presas. Nem tudo o ao qual nos apegamos pode nos acompanhar. Desapegar é desconfortável, mas manter um aperto firme no que você precisa liberar prejudicará mais do que irá ajudar. A insegurança não nos servirá nesta jornada.

Essa meditação de criação de espaço pode ser repetida diariamente como um lembrete para se permitir deixar de lado o medo e a insegurança antes do início ou após o término do seu dia. Você também pode escolher uma fala que ressoe mais com você, anote-a em um post-it e guarde-a em algum lugar onde possa vê-la. Também a convido a pensar em gravar as afirmações em forma de áudio e tocá-las de ouvi-las quando precisar delas.

Antes de começar esta meditação, faça três respirações profundas pelo nariz e expire pela boca.

> *Na presença do medo,*
> *Abrirei espaço para a coragem.*
>
> *Na presença da insegurança,*
> *Abrirei espaço para a autoconfiança.*
>
> *Na presença da pressa,*
> *Abrirei espaço para desacelerar.*
>
> *Na presença da sobrecarga,*
> *Abrirei espaço para o descanso.*
>
> *Na presença do pensamento excessivo,*
> *Abrirei espaço para o desapego.*
>
> *Na presença do caos,*
> *Abrirei espaço para a paz interior.*
>
> *Na presença da confusão,*
> *Abrirei espaço para clareza.*
>
> *Na presença da dor,*
> *Abrirei espaço para a autocompaixão.*

OFERECENDO O AUTOPERDÃO

Odiar a si mesma não é um terreno fértil para a sua cura. Você tem que se perdoar pelo que fez ou não fez, sabia ou não sabia, enquanto trabalha com seu passado e seu presente. Manter-se refém de seus erros não fará com que o resultado que você experimentou seja diferente.

O autoperdão cria espaço para a expansão emocional. Quando somos capazes de desapegar e nos perdoar por coisas que nos causaram dor e sofrimento ou pelos erros que cometemos, somos capazes de criar espaço para o crescimento e podemos começar a praticar ser uma pessoa mais compassiva com nosso eu do passado e do presente. Por sua vez, é claro, somos capazes de oferecer essa compaixão a outras pessoas. A cura nos concede a oportunidade de crescer de novas maneiras. O crescimento é libertador, mesmo quando nos deparamos com coisas difíceis, escolhas difíceis e momentos desafiadores.

Perdoar a nós mesmas não é uma tarefa fácil. É complicado, principalmente quando você tem pisado na bola, tem machucado alguém ou a si mesma, ou acha que algo é sua culpa. Somos humanos imperfeitos e teremos que trabalhar constantemente nessa prática de não nos atormentar emocionalmente e nos abusar pelas coisas que não podemos mudar. À medida que avança neste livro, entenda que o autoperdão é a chave para todo o perdão. Esta é a sua jornada única, e o perdão significará coisas diferentes ao longo do caminho, conforme você descarrega seu trauma e examina seus pontos de dor nas páginas do diário. Quando me tornei mãe, aos 18 anos, estava em um lugar extremamente quebrado e emocionalmente nocivo. Eu me odiava e estava em um caminho de destruição. Mas depois de ter minha filha, algo se ascendeu profundamente dentro de mim. Escolhi mudar para melhor para dar à minha filha a estabilidade emocional e o apoio que nunca tive. Eu queria ser a melhor mãe e mulher que poderia ser. Queria liderar pelo exemplo, e queria passar pela vida com amor.

Foi difícil. Ninguém me ensinou a viver assim; Eu tive que me perder ao longo do caminho e descobrir sozinha. Tive muitos problemas para me perdoar quando comecei a amadurecer e me curar. À medida que explorava minha cura em níveis mais profundos, fiz muitos avanços na direção certa, mas estava evitando ativamente o autoperdão. Parecia muito grande, muito assustador e algo que eu não merecia. Mesmo quando fiz o trabalho de aprender sobre o que eu precisava me curar e quais comportamentos e pensamentos me levaram à maternidade na adolescência o autoperdão permaneceu indescritível. A terapia me ajudou. O diário foi uma saída catártica. A cura começou a acontecer, lenta, mas seguramente. No entanto, eu ainda estava tentando evitar me perdoar. Isso estava me segurando e atrofiando minha cura.

Finalmente, com a idade de 30 anos, cheguei a um ponto de ruptura. Eu me peguei me sentindo muito irritada e chateada por não valorizar a mim mesma ou ao meu corpo. Sentia-me devastada pelo meu eu mais jovem e brava com ela por não ter juízo. Até adotei o hábito prejudicial de me culpar pelo abuso que sofri nas mãos de pessoas em quem confiava. Um dia, eu quebrei. Eu não aguentava mais. Com os olhos cheios de lágrimas, eu disse a mim mesma: "Sinto muito por tudo. Eu te perdoo por tudo. Eu vou te amar através disso." Meu caminho para o autoperdão — cru, confuso e terno — verdadeiramente começou naquele dia.

Uma das montanhas mais altas que tive que escalar foi aprender a me perdoar pelos erros que cometi no passado e pelas escolhas e decisões erradas que repeti uma e outra vez. Ao embarcar na jornada de autoperdão, aprendi que começar de novo seria essencial; começar de novo quando eu precisava estar bem. Eu não poderia realmente me curar até que comecei a me perdoar verdadeiramente.

Meu convite a você aqui é para que deponha a armadura de ódio contra si mesma. Ela não está protegendo você de nada ou alguém. Não podemos nos comprometer apenas com partes do trabalho de cura. Nós nos curamos comprometendo-nos com todo o processo: o bom, o ruim, o vergonhoso, o triste e o glorioso. Você vive consigo mesma todos os dias; é importante que abra espaço para o autoperdão. Caminhe sozinha através deste trabalho. Passo a passo. Momento a momento.

Carta A Si Mesma

Começar do zero requer autoperdão, e neste exercício você vai praticar perdoar a si mesma. Pense em um momento significativo em sua vida que ainda requer sua atenção. Por exemplo, minha carta de alguns anos atrás estava focada em amar e perdoar meu eu de 18 anos de idade. Talvez você tenha sido muito dura consigo mesma por um erro que cometeu. Talvez tenha feito algo que a envergonha e não se deu a graça de deixá-lo para trás.

Se você é humana, é provável que você tenha feito o seu quinhão de erros e más escolhas. Ou talvez tenha sido ferida ou maltratada, e você se culpa pelo que aconteceu. Cave fundo aqui e veja o que vem à superfície. Eu a encorajo a ser vulnerável e a abordar tudo, desde as suas falhas nas coisas que você não pode e não poderia controlar até a sua capacidade de perdoar a si mesma. Permita cada sentimento que surja seja o que deve ser. Seja crua, vulnerável e honesta, e então dê a si mesma graça, compaixão e compreensão. Encerre a carta com a promessa de perdoar e amar todas as suas partes bagunçadas e ternas, não importa o que aconteça.

Diário

Apoie-se em um Amigo

Fazer esse trabalho de cura sozinha pode ser esmagador e, às vezes, desanimador. Nesta prática, você se conectará com uma amizade ou membro da família de confiança. Muitas vezes somos rápidas em sugerir que outras pessoas se perdoem, mas não somos capazes de praticar isso em nossas próprias vidas. Peça a um ente querido para compartilhar sua experiência de perdoar a si mesmo e aos outros. Em seguida, retribua oferecendo suas próprias experiências e pensamentos sobre o perdão. Algumas perguntas para manter a conversa podem incluir:

Pelo que você não se perdoou e por quê?

Nomeie uma coisa que você gostaria de deixar para trás enquanto se cura.

A quem você precisa estender o perdão para que você possa se livrar de rancores e da dor?

Pelo que você se perdoou?

Qual é a coisa mais difícil sobre a cura e o auto-perdão?

Conversa

ABRINDO ESPAÇO PARA NOVOS COMEÇOS

A cura exige que façamos a difícil escolha de recomeçar e deixar para trás o que pensávamos que sabíamos. Decidir fazer as coisas de forma diferente também nos desafia a aparecer e fazer o trabalho que for preciso. Veremos resultados somente quando fizermos um compromisso com o trabalho que temos pela frente.

Fala-se muito sobre manifestação no espaço de bem-estar, mas muito pouco sobre os passos que devemos dar para concretizar o que queremos. Não podemos apenas desejar que as coisas existam. Devemos também fazer o trabalho enquanto esperamos. A cura exige esforço. Não podemos ter um pé na porta e outro para fora. Temos que entrar com tudo. Por quê? Porque é assim que nos curamos completo — ao prestar atenção a cada canto e recanto do sofrimento, dor, alegria, gratidão e humanidade.

A manifestação requer abrir espaço para o que queremos que cresça em nossas vidas. Não há mágica na manifestação. Sim, podemos nomear as coisas que queremos e escrevê-las, criar um quadro de visão ou gravar memorandos de voz. Aquele primeiro passo de identificar o que queremos é crucial. Contudo, concretizar os nossos anseios significa também abrir espaço intencional, o que requer desapego. Temos de liberar para receber.

Desapegar é crucial para criar o espaço adequado que precisamos para receber a clareza e as lições de cura. Não há absolutamente nenhuma maneira de contornar isso. Se pulássemos essa etapa, perderíamos informações vitais, como o que precisamos ou não e o que queremos ou não. Tornamo-nos cada vez mais conectadas a nós mesmas na jornada quando percorremos um longo caminho. Cada passo em direção à cura, transformação e sustentabilidade emocional contém um trampolim para a próxima fase do nosso crescimento.

Esta lição apareceu em minha própria vida há alguns anos, quando eu estava envolvida no meu trabalho, ensinando as pessoas a escrever para curar. Eu prezo por facilitar a meditação e práticas de respiração. A carreira que construí para mim é o meu sonho tornado realidade até que não era mais. Eu estava tendo o meu ano mais movimentado de sempre, e eu não sabia como equilibrar ou lidar emocionalmente com o crescimento.

Estava fazendo o meu melhor para criar minhas crianças com intenção, ser uma esposa amorosa e nutrir minhas amizades, além de equilibrar meu emprego dos sonhos. Eu estava falhando miseravelmente. Minha ansiedade atingiu o pico, minha depressão piorou e eu me sentia perdida. Tive um sonho recorrente em que eu estava presa no meio do nada, sozinha e aterrorizada. Eu não entendia o que estava acontecendo comigo. Afinal, eu tinha manifestado esta vida de cura profunda para que pudesse ajudar os outros a fazer o mesmo. Eu tinha orado pela paz interior para que pudesse ver claramente e usar meus dons para liderar pelo exemplo. Mas todo esse trabalho estava se desfazendo porque minha saúde mental estava saindo do controle.

Eu estava pedindo, orando e desejando pela mudança, mas não estava colocando qualquer ação por trás das palavras. Eu não estava tomando responsabilidade pelo papel que tive que desempenhar em melhorar minha experiência. Eu sabia que precisava pedir ajuda e encontrar um terapeuta. Eu queria começar a usar a atenção plena em ferramentas que eu tinha no bolso de trás, mas que pareciam até agora longe e fora de alcance. As coisas tinham ficado tão ruins que comecei a arrancar meu cabelo do couro cabeludo — uma condição chamada tricotilomania — para encontrar alívio. Eu não tinha sentido esse gatilho de puxar tão forte desde o final da minha adolescência. Estava confusa e passando por um momento extremamente difícil de encontrar o meu caminho de volta para casa e para mim mesma.

Descobrir como voltar para mim mesma foi doloroso. Eu lutava, soluçava e queria desesperadamente procurar por novas maneiras de sair da minha dor porque eu não conseguia compreender a ideia de ter que me curar do zero novamente. Minha terapeuta na época gentilmente disse: "Você sabe como é, Alex. Você tem as ferramentas. Às vezes, começar de novo é a única maneira de se levantar." Foi depois dessa sessão que chorei até não ter mais lágrimas. E então eu decidi fazer o mais difícil: começar de novo. Era hora de parar de simplesmente desejar que as coisas melhorassem. Era hora de começar a fazer o trabalho para torná-las melhores.

Comecei fazendo uma lista do que eu queria que fosse verdade, o que eu estava evitando, e as ações que eu precisava tomar para a cura emocional começar a acontecer. Aquela página é onde eu não só descobri a minha verdade, mas também onde as coisas começaram, finalmente, a fazer sentido.

Minha lista tinha coisas como:

Eu quero me sentir à vontade em minha mente. **Tenho evitado a** *medicação.* **Preciso deixar de lado** *essa esquiva e perguntar ao meu médico quais são as minhas opções de prescrição.*

Eu quero ser mais feliz *com onde estou na vida.* **Tenho evitado** *a minha prática de gratidão ultimamente.* **Preciso deixar para trás** *isso de não estar presente e começar a prestar atenção à beleza em minha frente.*

Escrever essas coisas me lembrou que estou sob o controle da minha vida quando estou sendo honesta, aberta e não tenho vergonha do processo e de mim mesma. Praticar a atenção plena quando você está em um lugar altamente ansioso ou emocional é um desafio. Eu entendo isso; Eu estive lá, e tenho empatia. É desconfortável redirecionar nossos pensamentos para que possamos iniciar o processo de abrir espaço para novos começos, mas é aí que aprendemos a ser nossos maiores aliados.

À medida que nos curamos, temos que ser realistas com nós mesmas e permanecer comprometidas em desapegar das coisas que não estão nos servindo. Se quisermos nos sentir bem com nós mesmas e com as nossas vidas, haverá pessoas, lugares, coisas e hábitos que têm que ser eliminados. Não podemos simplesmente falar palavras de manifestação e afirmação na esperança de que elas se tornem realidade; precisamos tomar medidas acionáveis para que elas aconteçam. Quando paramos de evitar o ato de nos encarar de frente, começamos a aparecer de novas maneiras e, esperançosamente, trabalhar para construir as vidas que queremos.

Liberando para Receber

Para esta prática, você vai se ancorar com sua respiração enquanto libera o que não está lhe servindo. Você pode fazer isso de uma só vez ou em etapas, o que for bom para você.

Convido você a ficar em uma posição confortável em qualquer lugar que faz com que se sinta calma. Isso pode ser em sua casa, em um parque, na sua cama, ou na grama.

Leia a prática três vezes. Volte a este exercício de respiração quantas vezes precisar para se sentir alicerçada, centrada, e lembrando de que, para crescer, você tem que abrir espaço para desapegar.

> *(Inspire pelo nariz.)*
> *Neste momento, estou liberando a incerteza para receber paz de espírito.*
> *(Expire pelo nariz.)*
>
> *(Inspire pela boca.)*
> *Neste momento, estou liberando a evasão para receber clareza.*
> *(Expire pela boca.)*
>
> *(Inspire pelo nariz.)*
> *Neste momento, estou liberando a pressa para receber a presença de paz.*
> *(Expire pelo nariz.)*
>
> *Repita três vezes, devagar e com firmeza.*

A Cura, Uma Profunda Respiração de Cada Vez

Glennon Doyle

Alex Elle: Quem é você e o que você faz?

Glennon Doyle: Esta pergunta deveria ser fácil, mas não me sinto assim quando penso nisso. Há dez anos, eu teria dito: "Eu sou Glennon Doyle. Sou uma escritora, uma mãe, mulher, cristã e esposa". Pelos últimos dez anos, eu achei menos confortável adicionar qualquer coisa após o *eu sou...* Perdi muitas das identidades as quais costumava me apegar ferozmente. Não sei se me identifico mais como cristã. Eu me identifico cada vez menos com gênero de qualquer maneira. Estou lendo *Indomável* agora, e estou tipo: *Uau, isso é tão interessante.* Eu provavelmente escrevi a palavra mulher quatrocentas vezes nesse livro. Anos depois, é difícil imaginar ter se identificado tão fortemente com a palavra mulher. Eu não sei mais o que isso realmente significa. O gênero de repente parece uma coisa inventada. Quando se trata da minha sexualidade, não sinto que me identifico com gay ou lésbica também. Eu fui casada com um homem e me relacionei com homens minha vida inteira. E então, quando fiz 40 anos, eu me apaixonei pela Abby. Mesmo na minha carreira como escritora, eu realmente não escrevi nada em três anos. Então, enquanto reflito, estou bastante certa de que sou Glennon. Todos os dias, acordo e tento dar e receber, e estar presente com tanto amor, cuidado, e intenção quanto posso.

AE: Por que você não escreveu nada ultimamente?

GD: Eu sinto que na vida criativa, há tempo de produção, quando estou plantando as sementes e fazendo a coisa para liberar ao mundo. E então as coisas mudam, e parece um tempo diferente, em que não tenho mais nada para dar. Durante o meu tempo de inatividade, comecei o meu podcast com a minha irmã e minha esposa. E o que estou descobrindo é que apresentar um podcast é muito menos solitário do que escrever. Escrever é muito solitário para mim psicologicamente e mentalmente porque me sinto sumida. Quando penso em tudo o que somos ensinados como paz, alegria e antiansiedade estar conectada ao ser presente, percebo que não estou presente ao escrever um livro. Eu simplesmente sumo. Mesmo quando estou com a minha família, sinto que ainda estou tentando descobrir como acertar esse parágrafo. Não estou prestando atenção em ninguém. Minhas crianças se referem a isso como "Mamãe estando submersa." E quando ouço a palavra *submersa*, eu faço o check-in novamente, tipo: *Espere, eu estou aqui.* Eu não estou prestando atenção a ninguém porque estou tentando descobrir a droga da próxima coisa que eu vou escrever.

Emparelhando isso com a cura emocional, escrever exige que eu vá a lugares que nem sempre são os mais saudáveis. Quando reflito sobre minhas histórias compartilhadas e como eu apresentei e escrevi sobre a minha família – da qual me orgulho – percebi que tinha estado, como Hannah Gadsby descreve, prendendo-os. Como os cientistas fixam insetos com alfinetes para que possam estudá-los. À medida que mudo e cresço, isso faz cada vez menos sentido para mim. Durante esta pausa da escrita, não sei se os fixar ainda parece certo. Pensar em meus filhos estando em minha presença e se tornando uma história não parece se alinhar com a nossa trajetória. *Indomável* foi um sucesso, e havia muito mais atenção do que eu jamais teria visto antes, então talvez seja isso. É interessante que ter toda essa atenção ainda não é a resposta para viver uma vida que está realizada. Neste momento, o meu foco principal é criar a minha ideia própria do que é suficiente.

AE: Como a cura apareceu em sua vida?

GD: A coisa que mais moldou o meu processo de cura foi o meu vício. Eu costumava pensar que estava totalmente quebrada porque me tornei uma viciada quando tinha 10 anos de idade. E assim, quando isso acontece, você pensa que apenas nasceu quebrada. Eu pensei que a cura era algo que poderia consertar a quebra... Na minha mente, havia uma maneira perfeita de ser, e eu não era assim. A cura para mim foi mais como uma fixação. Eu estava tentando chegar ao estado de ser inteira como eu pensava que outras pessoas eram. Eu não me sinto mais assim em tudo. Não acredito que nenhuma de nós esteja quebrada. Somos todos sensíveis de maneiras diferentes e coisas diferentes nos machucam. Talvez a cura não seja algo que nos leve de quebrada para consertada, mas de sozinha para conectada ou do medo ao pacífico. Perceber isso mudou as coisas para mim. O que mais acabou me curando foi estar ao redor de pessoas honestas que irão falar abertamente sobre o quão difícil é ser humana — não de uma maneira "ai de nós", mas de uma forma ferozmente honesta. Eu encontrei primeiramente esse tipo de honestidade em reuniões de recuperação.

AE: Houve algo específico ou em particular que moldou o seu processo de cura?

GD: Lembro-me de estar no ensino médio e odiar estar no refeitório. Era como *O Senhor das Moscas* para mim. Naquela época, eu era severamente bulímica e entrei no escritório do orientador para pedir ajuda, porque não sabia mais como fazer a vida. Ao fazer isso, comecei a entender que pode haver ambientes que funcionem para todos os outros que não funcionam para mim, e eu não tenho que ficar. A maneira como o mundo opera pode esmagar muitos dos nossos espíritos. Achamos que temos que continuar aparecendo em certos ambientes, e temos que continuar voltando para nos enterrar e persistir. E naquele dia, eu aprendi que eu poderia me recusar a fazer isso. Uma parte da minha cura é lembrar que tenho arbítrio e liberdade para sair dos lugares que estão insultando minha alma.

AE: Que modalidades criativas você usou para se curar emocionalmente?

GD: Yoga e meditação são bem úteis para mim. Quando eu me sinto realmente perdida na ansiedade, os cheiros são muito importantes — velas e óleos essenciais me ajudam muito mais do que o normal. Som, música e toque também são curativos. Eu sou absolutamente obcecada com o aconchego — não posso nem usar jeans porque eles parecem tão opressivos.

AE: Como o descanso emocional realimenta a sua cura?

GD: A beleza de ter tido minhas crises de saúde mental é que eu realmente aprendi que meu principal trabalho é continuar aparecendo e não perder a minha sanidade mental. Há muito cuidado e descanso que tem que acontecer para mim todos os dias para que eu possa manter essas duas coisas. Eu passo muito tempo reabastecendo e posso ver a qualidade da minha vida quando me comprometo com as minhas práticas espirituais e o meu descanso. Quando apareço com as pessoas, elas podem ver o quão atenta, fundamentada e presente eu sou.

AE: Como você se cura?

GD: Uma respiração profunda de cada vez.

Glennon Doyle *é uma autora, ativista e apresentadora de podcast.*

PERCEBENDO E NOMEANDO
AS SUAS NECESSIDADES

Haverá momentos desafiadores em sua prática de cura emocional. A maioria deles podem estar ligados à identificação de como ser claro sobre seus desejos e necessidades. Muitas de nós não foram criadas para estar alinhadas e em sintonia com nós mesmas. Em vez disso, muitas vezes nos ensinaram que ser altruísta e colocar as necessidades dos outros sobre as nossas é como vivemos uma vida justa. Embora cuidar e amar aqueles que nos cercam seja vital para a conexão humana, deve haver um equilíbrio entre o cuidado comunitário e o autocuidado. Estar presente para os outros não significa abandonar a si mesma. Você é uma parte da equação.

Percebi ao longo dos anos que muito do meu sofrimento veio de auto abandono, fronteiras borradas e negligência emocional. Nomear minhas necessidades parecia assustador e estranho. Aprendi ao crescer que o sacrifício final é se colocar para baixo pelos outros e chamar isso de amor. Afirmar o que você precisava não era educado ou bem-vindo. Reaprender a como cuidar e amar a mim mesma me mostrou que eu sou importante e que as pessoas com quem eu estava em relacionamentos precisavam que eu me importasse comigo mesma.

Nesta seção, você irá praticar a identificação do que sente falta. Isso pode parecer desconfortável, mas tente acolher a facilidade à medida que se cura em uma nova versão de si mesma.

Com o tempo, suas necessidades e desejos mudarão. Os seus limites mudarão. Cada ajuste é normal e deve ser recebido com compaixão. Alguns dias você saberá o que quer e precisa, e outros, não saberá. Pratique a paciência com o processo enquanto descobre as coisas e enquanto se descobre. Nada acontece da noite para o dia. Sabemos disso. Então, à medida que você avança nesse processo de descobrir coisas sobre si mesma nas páginas do diário, estenda a gratidão pelo seu esforço.

Esta prática é sobre cultivar a autoconfiança e a auto segurança que você é tão valiosa quanto qualquer outra pessoa em sua vida. Não apenas pincele a sua vontade de aparecer. Isto vale a pena comemorar. Encarar-se na página não é fácil, e, no entanto, aqui está você, tentando o seu melhor. Ofereça perdão para qualquer parte da sua história que pareça desafiadora para superar. O diálogo interno negativo irá impedi-la de permitir que a sua voz autêntica brilhe. Venha para a página sem nenhuma expectativa além de ser honesta. Cada passo do processo é essencial para o resultado final. Traga tudo o que está enfrentando para a página. Se encarar seus desejos e necessidades parecer muito grande, mais uma razão para descompactá-lo em seu diário.

Ao dar este próximo passo em sua jornada, lembre-se que você tem permissão para nomear as suas necessidades sem vergonha ou culpa. Precisar de algo ou alguém não a faz carente. Livre-se dessa ideia. Você é permitida a ser apoiada. Temos uma vida e não podemos vivê-la plenamente se estivermos constantemente nos esquivando. Desmerecer isso não vai salvá-la, e não vai fazer você se sentir nada melhor consigo ou com sua situação. Aparecer na página é a sua promessa para si mesma que vai parar de se encolher para caber na vida dos outros e em caixas que não lhe pertencem.

Desejos e Necessidades

Em seu diário, faça duas listas separadas, uma rotulada como "Eu quero" e outra rotulada como "Eu preciso". Defina um temporizador para cinco minutos e preencha a coluna "Eu quero". Em seguida, faça o mesmo para a coluna "Eu preciso". Pense em qual lista pareceu mais desafiadora, anote isso e reflita sobre o porquê. Não pense demais sobre o que você está escrevendo na página. Basta escrever sem medo e julgamento. Concentre-se em sua escrita. Você tem permissão para ser importante. Seus desejos e necessidades são importantes. Solte o desejo de escrever o que você acha que soa bem. Apareça com honestidade e verdade.

Diário

Você é Digna

Esta prática é projetada para seguir os "Desejos e Necessidades" na prática de diário. Em uma posição sentada, sintonize-se com a sua respiração. Comece a tomar inspirações profundas pelo nariz e expirar através de sua boca aberta. Pense em como a prática de escrita anterior fez você sentir, respirar a liberdade que vem com a nomeação de desejos e necessidades, mesmo que pareça desafiador. Expire quaisquer pensamentos de autonegligência e indignidade. Continue prestando atenção à sua respiração. Relaxe a mandíbula, amoleça os ombros, respire. Leia as seguintes palavras em voz alta ou em sua cabeça:

Eu posso pedir o que preciso.

Eu posso vocalizar o que quero.

Eu sou digna de ter as minhas necessidades atendidas.

Eu estou aberta a receber ajuda.

Eu posso aparecer como o meu eu completo.

Eu estou me abrindo para crescer e me curar.

Meditação

2

Fazendo Amizade com o Seu Medo

À medida que começamos a descascar mais camadas para acessar a cura emocional mais profunda, devemos reformular como olhamos para o medo e lidamos com os nossos pontos de dor. Colocar a nossa dor nas páginas do diário e encontrar maneiras de se acalmar durante momentos de ansiedade e estresse é um lembrete para desacelerar e estar totalmente presente conosco e a nossa ternura. Muitas vezes, nós ficamos tão presas na dor que não podemos acessar a autocompaixão. Não podemos nos curar se formos continuar nos mantendo reféns do que fizemos ou deixamos de fazer. Este trabalho requer aceitação e graça para o que não podemos mudar. Como avançamos e crescemos através dele? Olhamos para o nosso medo, mágoa, e tristeza, e nós enfrentamos isso sem contenção ou julgamento. Nós podemos nos responsabilizar sem punir e odiar a nós mesmas se cometemos um erro ou agimos fora do caráter.

O mesmo vale para aquelas de nós que vivenciaram maus-tratos no passado. Autopunição pelos erros que sofremos nas mãos de outras pessoas não nos servirá. A cura emocional requer que abramos espaço para a compreensão, bondade e compaixão. Não importa a sua circunstância, você tem que olhar para as coisas que a têm quebrado. Não podemos ignorar o nosso trauma e dor. Para começar a consertar, devemos nos comprometer a nos ver inteiramente através dos olhos do amor e da dignidade. Isso vai acontecer e mudar a trajetória da nossa vida apenas quando estivermos prontas. Não há como apressar o processo. Quando aceleramos a cura emocional, perdemos as coisas e corremos o risco de deixar a nós mesmas e nossa verdade para trás.

Quando eu tinha 10 anos de idade, tive uma experiência formativa com meu pai biológico — uma experiência que plantou uma semente de medo em mim que floresceria nas décadas a vir. Meu pai era uma presença inconstante na minha vida, e sempre que ele se aproximava, o caos se seguia. Neste dia em particular, estávamos em seu carro na rodovia interestadual 495, e ele estava em alta velocidade e dirigindo o carro usando apenas os joelhos. "Papai, por favor, pare", disse eu, horrorizada. Ele continuou acelerando e rindo. Meu medo e segurança não significavam nada. "Papai, por favor, estou com medo," implorei. Ele aumentou a música e acelerou um pouco mais, usando os joelhos para dirigir. "Por favor, pare", gritei, enfiando a cabeça entre as minhas pernas, rezando para que ele não batesse o carro no anel viário. Eu podia sentir lágrimas brotando em meus olhos. Eu não sabia o que estava acontecendo ou por quê. Ele lentamente percebeu que eu não estava me divertindo, e eu pude sentir o carro desacelerando.

"Eu não ia bater! Eu sei dirigir", ironizou. "O quê, você não confia em mim?"

Mais de duas décadas depois, ainda estou traumatizada por essa experiência. Além do meu marido, eu raramente deixava nem mesmo os mais próximos de mim me levar a lugares. E quando deixo, meu coração bate forte a viagem toda. Olhar de volta para essa experiência faz meu estômago doer e meus olhos lacrimejarem. Lembro-me do meu coração acelerado. Lembro-me de pensar que nunca queria vê-lo novamente. Lembro-me de sentir como se ele fosse um homem perigoso que não se importava comigo. Eu me lembro de estar brava com minha mãe por deixá-lo me levar para o fim de semana. Lembro-me de estar morrendo de medo.

Tanta coisa passou pela minha mente por semanas e semanas depois dessa experiência. Eu não contei à minha mãe porque fui pedida para não contar. Quando criança, eu me tornara a guardiã dos segredos e mentiras do meu pai, se era ele colocando minha vida em perigo em várias ocasiões ou as numerosas mulheres com quem me deparava quando iria visitá-lo. Sendo uma adulta refletindo sobre uma das muitas experiências traumatizantes que tive com ele, posso ver claramente onde aprendi a ter medo das coisas — de viver.

Durante anos, eu não contei a uma alma, nem mesmo ao meu marido. Ryan ficava confuso sobre o porquê de eu ficar tão nervosa no carro, e ele não entendia meu medo ou sentimentos não vocalizados de não estar segura. Não foi até escrever sobre isso, tudo isso, anos mais tarde, que eu comecei a olhar e processar a profunda dor que carreguei daquela experiência. Meu marido me mostrou compaixão e amor quando compartilhei este segredo com ele. Ele prometeu se lembrar disso quando estiver dirigindo.

Ryan é um ótimo motorista e protetor. De coração aberto, ele escutou e me garantiu que manteria a mim e as nossas crianças seguras, sempre. Ele me deu uma sensação de segurança e certeza que eu não tive naquela noite em que meu pai e eu estávamos voando pelo anel viário.

A minha relação com o meu pai biológico continuou a ser confusa e complicada por muitos anos. Quando completei 17 anos, cessei toda a comunicação com ele para me proteger de seu comportamento repetido, perigoso e traumatizante, tanto emocionalmente quanto fisicamente. Eu não o vi desde então. Não sabia disso naquela época, mas esse ato de separação foi a primeira vez que eu escolhi a mim mesma. Foi a primeira vez que deixei de lado meu medo de rejeição, desgosto e vergonha de decidir fazer o que era melhor para mim. Demorou anos para eu processar o trauma parental que estava carregando perto do meu peito. Escrever é o que me ajudou a processar e separar a minha dor da deles. É a coisa que me acolheu para ficar triste, com raiva, chateada e devastada por me sentir para baixo a cada esquina. Mas também é o que me ensinou a como encontrar alegria na cura, facilidade em mudar e perdão ao me livrar das coisas que nunca me pertenceram em primeiro lugar.

Eu nunca contei a ninguém sobre aquela noite no carro com o meu pai porque não queria colocá-lo em apuros. Eu não queria machucá-lo — ele me machucando era o suficiente. A mentira que eu tinha sido ensinada a engolir era que eu não importava. Isso me deixou com medo de existir. Aprendi na infância a calar a boca e me sentar. Aprendi a proteger os adultos ao meu redor com o meu silêncio, encolhendo-me no meu assento. Era uma segunda natureza ignorar meus sentimentos, porque senti como se eu não existisse. Abordar esse medo secreto — de dirigir, de perigo além do meu controle — na página do diário foi o meu primeiro passo para lembrar que eu não tenho que estar mais com medo. Que eu não era uma garotinha suplicando com a sua cabeça enfiada entre as pernas, implorando para ser mantida segura. Eu recuperei meu poder colocando para baixo esse medo, olhando para ele, falando sobre ele, e escolhendo fazer amizade com ele. Foi então que me senti liberada o suficiente para dizer:

Querida Eu,

Você está segura agora. Não há mais nada para se assustar.

Eu estou com você.

IDENTIFICANDO SEU MEDO NA PÁGINA

Não importa o quanto tentemos, não podemos ignorar nossa dor. Quando se trata de curar o que dói, temos que olhá-la nos olhos e dizer: "Aproxime-se". Identificar o que dói e nos quebra é o primeiro passo. Comprometer-se a acabar com isso, um pedaço de cada vez, nas páginas de nossos diários é como aprendemos a não apenas olhar para nós mesmas, mas também nos amar. Escrever para curar nos dá as boas-vindas a começar por onde nós estamos. Ser falha nessa prática, sem saber o que fazer, é como ficamos confortáveis aprendendo ao longo do caminho. Enfrentar nosso medo e fazer amizade com ele requer provação e erro. Será desconfortável olhar para algumas coisas das quais você se escondeu para que possa funcionar e se sentir segura. Você nem sempre vai acertar. Você nem sempre vai querer fazer esse trabalho, e tudo bem. Perder-se ao longo do caminho pode ser uma parte fundamental deste processo. Fazer pausas enquanto rompe para novos níveis de cura é necessário para restauração. Enquanto escreve sobre as coisas, lembre-se que é impossível obter as respostas que deseja se estiver correndo. Para fazer esse trabalho, você tem que desacelerar. Você tem que tomar o seu tempo e estar atenta.

Para mergulhar mais fundo em seu processo de cura, você responderá a algumas perguntas nesta seção que pode não querer enfrentar. Eu sei que é mais fácil desviar o olhar, mas se não começarmos olhando para as coisas que nos assustam para longe de nós mesmas, quando seremos capazes de curar e encontrar a libertação nessa cura? Fazer amizade com o seu medo é como você começa a incorporar a verdadeira transformação.

Escrever através de seus medos exigirá tentativa e erro. Um dia você pode estar realmente envolvida em sua prática de escrita e sentindo como se estivesse tocando na raiz da sua dor. As respostas podem estar bem ali na sua frente, fazendo-a sentir que está se aproximando de encontrar uma maneira de consertar. E então você se vê em uma recessão ou se pergunta por que está até tentando descobrir tudo isso. Persevere. Todo sentimento, emoção e pensamento é bem--vindo — pense neles como seus anjos da guarda convidando-a a cavar um pouco mais fundo. Seja bondosa e gentil consigo mesma durante este processo. Esse trabalho de restauração da alma não deve ser bonito. Deve ser um trabalho honesto, cru, confuso e autêntico. Lembre-se disso à medida que acolhe o medo em seu espaço, estende a mão da amizade e se entrega, sabendo que é digna da graça. Saiba que você pode dar um passo para trás. Confie que pode encontrar suas respostas passo a passo. Envolver-se com o seu medo desta forma abre espaço para autocompaixão e empatia.

69

Do que você tem medo?

Agora, é hora de descompactar o que a assusta para que possa começar a fazer amizade com o seu medo. Em seu diário, responda às seguintes perguntas:

Qual medo tem surgido com mais frequência para você esses dias?

Qual é a sua primeira lembrança desse medo?

Como isso está atrapalhando a sua cura?

Qual seria a sensação de fazer amizade com esse medo e torná-lo parte da sua cura?

Diário

Sentando-se com O Medo

Encontre um lugar tranquilo e confortável para se sentar. Feche os olhos e pense no que o medo lhe ensinou sobre a cura. Você está fugindo do seu medo ou o acolhendo? Enquanto reflete, lembre-se de manter um espaço seguro intencional para o que quer que surja. É fácil ser pega em um turbilhão de julgamento e autocrítica. É fácil se desligar quando o medo surge. Isso não lhe servirá nesta prática, nem fará com que você tenha menos medo de tudo o que está enfrentando. Lembre-se, você não precisa descobrir tudo hoje. Saiba que a prática de fazer amizade com o nosso medo leva tempo e esforço. Leve as coisas lentamente e resista ao impulso de apressar o processo de avançar o que pode ser assustador. Quanto mais você faz essa prática, menos assustadores serão seus medos. Quando nós trazemos a nossa atenção para os nossos medos de novo e de novo, eles começam a perder o seu poder.

Meditação

ENXERGANDO A DOR COMO UMA PARCEIRA

Às vezes, a cura que temos que fazer parece mais dolorosa do que a coisa que nos machucou para início de conversa. Eu sei que isso pode parecer desanimador, mas o convite aqui é para acolher cada emoção para que você se dê espaço para florescer. Mudanças, cura e crescimento nos alongam emocionalmente e às vezes fisicamente. E apesar de parecer mais fácil se afastar e não se preocupar em consertar suas partes machucadas e quebradas, que bem isso fará a longo prazo? Ficar presa em nossa dor nos roubará de nossa alegria e nos deixará incapacitadas e sem esperança. Nós nos comprometemos com a cura fazendo as coisas difíceis que são necessárias para criar uma sensação de tranquilidade em nossas vidas.

Escolher abordar nossa cura de frente é um ato auto nutritivo; é um convite a escolher a si mesma, até quando as coisas doem para caramba. Estar aberta à possibilidade de cura é acolher a luz depois dos seus dias mais escuros. Algo que continua a me apoiar enquanto eu me curo é olhar para a minha dor como uma parceira e não como uma inimiga. Essa reformulação levou anos para ser cultivada, mas me mostrou a dualidade em aceitar o que é, o que foi e o que eu posso ou não mudar. A dor pode ser um caminho para o crescimento. Quando me abri à ideia disso, fui capaz de me controlar e olhar para o meu sofrimento exatamente pelo que ele era. Sem julgamento. Sem frescuras. Sem suavizar. A cura não é um tamanho único. Permitir que o processo flua continuamente é como começamos a evoluir emocionalmente. Tentar ser a curadora perfeito que escapa da luta futura não servirá a você. É importante que aprendamos a olhar para a nossa cura através de uma lente neutra. Eu sei, isso é mais fácil dito do que feito. No entanto, quando exploramos essa prática sem um viés, nos aproximamos do fato de que talvez precisemos nos curar das coisas mais de uma vez.

Há alguns anos, eu tive muita dificuldade em processar algumas das dores da minha infância. Eu tinha acabado de retomar a terapia e falar sobre coisas que eu tinha suprimido me enviou em uma espiral de emoções. Eu estava convencida de que já tinha feito o trabalho de cura em torno do meu trauma de infância. Encarar isso outra vez parecia ser mais destrutivo do que útil. Naquela ocasião pareceu que eu tinha feito o suficiente e não queria voltar para aquele lugar escuro de ter que desenterrar. Foi então que percebi que a cura, para mim, seria um processo eterno. Esse recomeço, às vezes do zero, faria parte da minha jornada. Aprender a enfrentar minha cura de frente, cada vez que um gatilho surgisse, me mostraria algo novo sobre mim, minha vida e a minha jornada de cura. Não me interpretem mal, isso não foi divertido. E se eu estiver sendo honesta, foi agravante. "Por que eu tenho que me curar repetidas vezes?" Eu perguntava a minha terapeuta. Eu teria que encontrar a resposta por conta própria. Não havia nada que ela pudesse dizer para dar sentido a isso.

A jornada para a clareza interior em torno da cura emocional é profundamente pessoal. Uma das minhas principais lições da cura direta é descansar intencionalmente — ou seja, dar-me uma pausa. Foi difícil não ficar viciada na atração constante do autoaperfeiçoamento. Cura e ação, para criar a vida que queremos, também é preciso desacelerar e descansar. Nossa cultura elogia saber o que estamos fazendo e aonde estamos indo. Muitos de nós nos sentimos perdidas e desorientadas por causa desse condicionamento. Tentar nos curar o mais rápido possível, e sem pausas emocionais, é destrutivo. Muitas não estão se curando porque se recusam a desacelerar e sentarem-se com a mágoa, a confusão e o tumulto que estamos carregando. Há um significado profundo nas pausas intencionais que fazemos para olhar para nós mesmas e estar com nós mesmas. Entendo o quão intimidante isso é. Eu estive lá. Contudo, o descanso emocional é onde podemos encontrar a cura transformadora bem na nossa frente. Temos que desaprender a ter medo de nós. Se nos recusarmos a encontrar a paz em pausar, quebrar ciclos e curar, nossos corações continuarão a se sentir distantes. Você não está atrasada por escolher descansar como um ato de cura. Confie no seu conhecimento interior e no chamado para desacelerar.

Por mais que eu desejasse que a cura fosse mais fácil, as coisas podem ser apenas o que são. Às vezes, ficaremos irritadas e desanimadas por estarmos de volta aos lugares dos quais pensamos estar curadas. Isso pode fazer com que sentimentos de incerteza surjam, mas não se deixe influenciar pelo retrocesso. Cada passo à frente e para trás é como nos ancoramos e aprendemos a enfrentar nossa cura de frente. Nesses momentos, encontramos uma conexão mais profunda com nós mesmas e com a dor que carregamos. Ser uma aprendiz nesse processo de cura é valioso. Mantenha-se comprometida em encontrar tranquilidade no meio das coisas difíceis e pesadas.

Compartilhe O Seu medo

Quando falamos nossos medos em voz alta e compartilhamos as histórias por trás de nossa dor, podemos diminuir o poder que eles têm em nossas vidas. À medida que você se familiariza melhor com o seu medo, estenda a mão para um ente querido de confiança para compartilhar sua verdade. Em seguida, pergunte se eles têm quaisquer medos que queiram compartilhar com você. Considere isso um exercício de confiança, comunidade e honestidade. Quando abrimos espaço para ouvir, criamos um ambiente seguro para compartilhar abertamente uns com os outros. Este exercício pode parecer grande e assustador, mas quando a vulnerabilidade emerge na presença da compaixão, empatia e cuidado, fica mais fácil olhar para o que nos assusta e inclinar mais perto para ver o que isso está tentando nos ensinar.

Conversa

A Dualidade da Cura e da Dor

Dor e cura andam de mãos dadas, e vê-las como parceiras em nosso processo nos permite reconhecer como elas trabalham juntas para nos ajudar a crescer.

Convido-a a identificar a dualidade de sua cura e dor para esse exercício de escrita. Em seu diário, desenhe um diagrama de Venn usando dois círculos que se sobrepõem no meio, um rotulado como "Dor" e o outro como "Cura". Preencha cada um dos círculos e o espaço em que se sobrepõem com palavras com que cada um se pareça para você.

Tentar descobrir onde colocar as palavras pode parecer intimidador, mas meu empurrão aqui é não pensar demais e apenas escrever. Pode ser útil começar com uma descarga cerebral. Coloque as coisas em qualquer lugar, sem muita intenção ou pensamento. E então, à medida que passar pela prática de escrita, você pode voltar e mover as palavras de lugar. Você pode riscar coisas, apagar coisas ou até mesmo ter a mesma palavra em todas as três seções. Não há uma maneira certa ou errada de começar. Você só tem que começar.

Aqui está um exemplo deste exercício do meu diário. Sinta-se livre para puxar dele quaisquer palavras que ressoam com você.

Diário

AMBOS
PODEM
SENTIR
COMO

A DOR PODE PARECER COMO

A CURA PODE SENTIR COMO

luto
culpa
perda
trauma não resolvido
desgosto
depressão
conflito com
entes queridos
rejeição
lesão física
ansiedade
vergonha
auto-ódio
diálogo interno negativo

lições
novos começos
crescimento
uma jornada
um mito
uma aventura
um desafio
autodescoberta

alegria
paz
totalidade
realização
amor
liberdade
compreensão
compromisso
limites
unidade
auto-escolha
aceitação

Deixando Espaço para A Cura

Megan Rapinoe

Sou uma pessoa muito apaixonada. Cresci em uma grande família, então eu amo ter pessoas por perto. Minha família é do tipo que ajuda qualquer um. Eles lhe darão a camisa do corpo se precisar. Tento ser assim também. Adoro ter senso de humor. Tenho certeza de que ser autodepreciativa, emparelhado com o meu humor, é minha forma de lidar com certas coisas, mas o riso é uma grande parte da minha vida e como eu me conecto. Faço o meu melhor para viver de acordo com o princípio de que temos apenas uma vida e devemos valorizar o nosso tempo aqui.

Na maior parte, minha infância foi maravilhosa. Mas quando penso na cura emocional que fiz, muitas vezes ela está conectada ao vício em drogas do meu irmão mais velho. Algo que sempre ficou em segundo plano era a sua luta. O vício dele começou aos 15 anos, e por conta disso, ele viveu entrando e saindo do sistema de justiça criminal a maior parte de sua vida. Lembro-me de ter 10 anos de idade, tentando entender o que estava acontecendo. Eu entendia um pouco do que estava acontecendo, mas também havia muitas incógnitas. Qualquer pessoa que tenha um familiar com problemas de vício de qualquer tipo sabe que muita carga vem com isso — muita mágoa, dor e confusão.

Uma coisa que me ajudou a me curar ao longo dos anos é o quão aberta e honesta minha família sempre foi sobre o vício do meu irmão. Eles nunca esconderam nada da minha irmã ou de mim. Seu vício nunca foi algo que nos levou a sentir vergonha ou desconforto. Todos nós estávamos fazendo o melhor que podíamos para lidar e processar o que estava acontecendo.

Meus pais nos encorajaram a nos comunicar abertamente e encontrar pessoas que poderiam nos apoiar. Eles nunca fingiram que o vício não existia, mesmo quando não tinham certeza de como lidar com isso. A capacidade e decisão que eles tiveram de ser transparentes e vulneráveis fizeram um mundo de diferença. Difundiu a vergonha, o sigilo e o estigma que tantas pessoas acabam carregando quando se deparam com o vício.

Nem sempre foi fácil. Houve momentos em que eu lutei com as coisas e tive que organizá-las por conta própria. Processar no meu próprio tempo me ajudou a aprender mais sobre vício e o sistema de justiça criminal. Também me mostrou como ser muito mais empática e curar de algumas coisas que me machucaram quando eu era mais jovem. Eu estava tão confusa sobre por que isso estava acontecendo e eu costumava questionar por que ele estava nos machucando. Uma vez que eu cheguei a um lugar de aceitação, compreensão e empatia, muitas coisas se tornaram mais aparentes para mim. Falar sobre tudo que estávamos enfrentando deixou espaço para essas perguntas e abriu espaço para a cura emocional.

Não afastar a minha dor e tristeza me permitiu sentir todos os meus sentimentos, o que me ajudou a entender que o vício não é apenas uma escolha que todos fazem a cada dia. À medida que amadureci, percebi que meu irmão não simplesmente acordou *querendo* isso para si. Ele não desfrutava de uma vida que girava em torno de machucar a mim e a todos ao nosso redor. O vício é uma doença. Perceber isso abriu espaço para abordar a minha cura de frente. Eu estava sendo convidada a refletir sobre seu vício a partir de sua perspectiva. Então, fui capaz de pensar sobre como isso estava impactando a família toda e como poderíamos apoiá-lo ao mesmo tempo em que éramos empáticos e tínhamos limites.

Eu passei por toda uma gama de emoções na hora de aceitar o que e como as coisas eram. Um aprendizado importante foi estar bem em saber que eu não posso mudar ninguém ou forçá-los a fazer algo que não querem. Ter essa experiência muito real e emocionalmente complicada me mostrou as possibilidades de cura individual e como uma unidade. Não estávamos nos escondendo ou envergonhados. Estávamos ativa e coletivamente fazendo o nosso melhor para curar e estar em sintonia com as nossas emoções em torno das lutas internas do nosso ente querido.

Sou grata pelo vício do meu irmão não ter sido escondido de nós. Estava em aberto, e nós o abordamos como uma família. Mesmo quando eu era jovem, eu não acho que manter isso em segredo teria sido favorável para qualquer um de nós. Segredos e a vergonha a impedem de seguir em frente. Eles impedem que você veja as coisas de diferentes perspectivas.

Como atleta profissional, aprendi muito sobre como equilibrar minha saúde emocional e física ao longo dos anos.

Quando dou um passo para trás e olho para a minha vida profissionalmente e pessoalmente, percebo a importância de ver as coisas de diferentes pontos de vista. Tendo lidado com o vício do meu irmão por tantos anos, tornei-me hábil em olhar para as coisas da vida de todos os ângulos. Algo que eu comecei a prestar mais atenção em 2020, durante a pandemia, foi fazer menos, mas fazer melhor — em conjunto com não fazer muitas coisas ao mesmo tempo. Mesmo quando é difícil para mim, às vezes, não fazer nada pode parecer o melhor.

Aprendi a ficar bem em não ter nada para fazer em alguns dias. Acho que esse foi um ponto de cura para mim também. Permitir a mim mesma estar em casa sem nenhum plano e com um bom livro me ensinou a desacelerar. Comecei a relaxar intencionalmente. Não fazer nada e ter muito mais tempo para mim me mostrou que eu precisava exatamente disso. Ser capaz de sentar com os meus pensamentos é a pausa que eu preciso. Eu amo as pessoas, sou muito social e gosto de trabalhar. Então, pressionar o botão da pausa não é a minha primeira opção, mas eu sei que é necessário e útil a longo prazo.

Lembrar-me de que o excesso de trabalho não é o objetivo da vida me traz de volta ao momento atual. Ao refletir sobre o papel que a cura desempenha na minha vida, eu sinto que me curo por estar em minha casa com a minha noiva, com o único objetivo de tirar um tempo apenas para mim. Eu me curo vendo amigos e familiares; conectar-me com eles me alimenta. Conexões significativas e relacionamentos me mostram que sou vista como o meu eu autêntico, o que me traz de volta à vida. Não importa o que eu passei ou atravessei, seja o vício do meu irmão ou tentar encontrar o equilíbrio em tomar conta de mim mesma, sou lembrada de que há tanta coisa

acontecendo ao meu redor. Eu não sou a coisa mais importante acontecendo, o que me faz sentir realmente ancorada e
consciente da vida como um todo.

Megan Rapinoe *é uma jogadora de futebol
profissional e capitã da seleção dos EUA.*

CULTIVANDO O DIÁLOGO INTERNO POSITIVO

À medida que trabalhamos para fazer amizade com o nosso medo, temos que equilibrar esse trabalho com um diálogo interno positivo. Afirmações — frases positivas e edificantes que podem ser repetidas em voz alta ou em minha cabeça — desempenham um papel importante no meu trabalho e na minha vida. Eu acredito plenamente em ser gentil com nós mesmas, especialmente quando estamos no fundo do poço de nossas vidas. A forma como tratamos e falamos conosco importa mais do que imaginamos. O diálogo interno positivo é essencial para mudar nosso comportamento, cultivar a autocompaixão e ser mais gentil, mais paciente e menos julgadora.

Nós tendemos a aprender muito do nosso diálogo interno, tanto coisas boas quanto as não tão boas, enquanto crescemos, mesmo antes de sermos capazes de fazer, pensar e sentir por conta própria. Às vezes, o que acabamos por carregar emocionalmente não é nem mesmo a nossa bagagem ou verdade para começo de conversa; Elas são invenções das ideias e pensamentos de outras pessoas. Projeções externas podem vir de nossos cuidadores, treinadores, professores ou amigos.

Olhar para trás e analisar quem te ensinou a dialogar consigo mesma e existir no mundo pode revelar muita coisa. Isso também pode empurrá-la para avançar e evoluir para melhor. Falar e agir sobre autoafirmações positivas é um convite para recuperar a sua voz, verdade e poder sem buscar validação de terceiros. É por isso que as afirmações são importantes para o crescimento emocional e bem-estar mental. Somos convidadas a olhar profundamente para nosso interior e perguntar: *Quem sou eu? O que eu quero? Por que sou valiosa?*

Eu amo ensinar as pessoas a usar afirmações para criar uma ação saudável em suas vidas. Mas muitas vezes as pessoas pensam que se elas escrevem e vocalizam suas afirmações, elas simplesmente vão acontecer porque elas oraram ou as jogaram para o universo. Pela minha experiência, não funciona assim. Trazer nossas afirmações à vida requer mais do que liberá-las em seu diário para colher os benefícios. Eu gostaria que fosse assim tão fácil.

Lembre-se, as afirmações são apenas o primeiro passo em uma prática de manifestação. Afirmações sem ação a manterão presa. Repetidas vezes ouvi pessoas mais velhas em minha vida dizerem: "A fé sem obras é morta" (Tiago 2:26). E isso é tão verdadeiro. Então, ao fazermos essa restauração da alma, não podemos apenas esperar e desejar e ter fé de que nossas afirmações se tornarão verdade. Temos que trabalhar para isso enquanto esperamos por ela.

Agir sobre suas afirmações mudará a forma como você olha para a sua capacidade de superar, perseverar e crescer através dos tempos difíceis que surgem. Afirmações apoiadas pela ação podem mudar o caminho de sua vida para o melhor. Como? Usando-as para descobrir o seu *porquê* e *como* pessoais. Quando abordadas honestamente e sem julgamento, as afirmações podem ser uma maneira de nutrir a si mesma. Aquietar sua crítica interior e aprender a apertar o botão de mudo no diálogo interno negativo exigirá que você fique curiosa sobre si mesma, as palavras que está usando e a vida emocionalmente saudável que você diz querer criar. Isso é sempre desafiador, mas eu gostaria de normalizar olhar para os nossos desafios na vida como um professor. Enfrentar os nossos desafios é um processo que pode nos trazer tranquilidade e gratidão.

É importante notar que todos os dias podemos ser uma versão um pouco diferente de nós mesmas. Se as suas afirmações se alteram e mudam dia a dia, tudo bem. Você está evoluindo, e esta não é uma prática linear. Não fique refém da perfeição. Falhas são bem-vindas nessa prática. Encontre fluidez e esteja bem em ser um trabalho constante em andamento.

Ao aparecer nas páginas do seu diário, você será alongada e tentada a cada curva a descascar suas camadas e chegar à raiz da sua verdade. Manter-se comprometida com a autocompaixão permitirá que você se aprofunde na existência do seu melhor eu, bem como a pessoa que você precisava ao crescer. Permita que a sua prática de afirmação conforte a criança interior dentro de si. Afirmações lhe dão o espaço para orientar o seu eu mais jovem e mudar a narrativa de sua vida. E apesar de não podermos literalmente voltar e mudar o passado, nós podemos começar a curar algumas de nossas feridas emocionais, convidando-nos a ser o espaço seguro de que precisamos.

Criando Suas Próprias Afirmações

A autoinvestigação é vital para descobrir quem somos, o que queremos, e como precisamos crescer. Nesta prática, suas afirmações virão de uma série específica de perguntas que eu quero que você responda aberta e honestamente. Ao responder a estas perguntas de diário, use declarações positivas, como: **Eu sou**, mesmo se isso vier de redirecionamento. O objetivo é recentrar e construir uma prática de diálogo interno positivo, mesmo durante experiências adversas ou desafiadoras. Os iniciadores de pensamento abaixo são perguntas de nível micro e de volta às origens que a apoiarão na identificação de quem você é, o que quer e o que busca à medida que se cura.

> *Quem sou eu hoje?*
>
> *Como estou mudando?*
>
> *Como estou exercendo a autoestima?*
>
> *Como estou aprendendo a confiar em mim mesma?*

Veja meus exemplos que seguem.

> **P:** Quem sou eu hoje?
>
> **R:** Eu sou uma pessoa que está curando e aprendendo a tornar-se a melhor versão de mim mesma.
>
> **P:** Como estou mudando?
>
> **R:** Estou mudando a maneira como falo comigo mesma sob pressão. Estou praticando mais autocompaixão e paciência.

P: Como estou exercendo a autoestima?

R: Estou começando a combinar minhas palavras e ações mais ao não me acomodar em momentos de incerteza.

P: Como estou aprendendo a confiar em mim mesma?

R: Estou aprendendo a confiar em mim mesma, deixando de lado o controle e explorando os diferentes caminhos que se apresentam para mim.

Quando terminar esse exercício, você terá uma lista das suas afirmações **Eu sou** para as quais poderá voltar repetidas vezes. Fale essas afirmações poderosas em voz alta quando estiver enfrentando seus medos ou quando a dor da jornada parecer esmagadora.

Cultivando a Autoestima Diante do Medo

Para esta prática de meditação, eu a convido a se sentar em silêncio e sintonizar a sua respiração e ler lentamente o roteiro a seguir. Quando cada frase estiver completa, faça uma pausa e inspire lenta e profundamente, depois uma expire longa e intencionalmente, enchendo a sua barriga na inspiração e esvaziando-a na expiração. Ler conscientemente essa prática de meditação lhe fornecerá o tempo e o espaço para absorver e internalizar essas palavras. Não se preocupe muito em acreditar em tudo como sua verdade hoje. Em vez disso, cada frase pode ser um trabalho em andamento para você. Acolha a possibilidade dessas palavras serem verdadeiras à medida que você se cura, transforma e cresce.

> *Confio que sou valiosa. Estou de pé em autoestima, não influenciada pelo diálogo interno negativo e pela dúvida. Estou descobrindo mais confiança, bravura e significado em minha vida. Estou fielmente aparecendo para cuidar de mim mesma. Vou me inclinar para a crença de que sou digna de relacionamentos e experiências boas, saudáveis e íntegras. Acreditar que sou valiosa nem sempre é fácil. Ainda assim, estou empenhada em fazer o meu melhor e ser um trabalho em andamento. Mesmo quando a vida for desconfortável e desafiadora, prometo ficar perto do meu valor enquanto me movo pelo do mundo. Eu confio que o autovalor me permite viver uma vida plena transbordando de relacionamentos saudáveis e amorosos e experiências gratificantes.*

Preservando a Alegria

Nedra Glover Tawwab

Alex Elle: Quem é você e o que você faz?

Nedra Glover Tawwab: Eu sinto que sou tantas coisas a tantas pessoas, incluindo eu. E é sempre muito difícil dar uma boa resposta para esta pergunta, porque estou constantemente mudando. Parte de quem eu sou é uma terapeuta. Também sou mãe e parceira. Sou uma amiga, uma filha, uma prima e uma jardineira. Sou tantas coisas diferentes em diferentes capacidades e estou constantemente mudando e evoluindo com o passar do tempo.

AE: Como a cura apareceu em sua vida e havia algo específico ou em particular que moldou seu processo de cura?

NGT: Tantas coisas me moldaram ao longo do caminho e acho que nem ao menos sabemos que precisamos curar até que algo nos cause um gatilho. Esse gatilho é o que inicia a jornada de cura verdadeira. Quando me tornei mãe, abriu-se um espaço para avaliar mais profundamente a minha relação com minha própria mãe. Pensei que já tinha feito muito do meu trabalho de cura — até engravidar. A gravidez exige muito sacrifício e desaprendizado. Foi um processo muito interessante de aprender a prática da graça. É difícil ser mãe sem se dar graça. A gravidez e a maternidade abriram-me e permitiram-me descobrir como dar aos meus pais a mesma graça que eu tinha começado a dar a mim mesma. Nossas situações eram muito diferentes. Minha mãe era mãe solteira, e eu não sou. E assim, percebi que tinha que ser grata pelo privilégio de ter um parceiro para me ajudar na tarefa de ser mãe e como não ter isso, no caso da minha mãe, pode moldar sua experiência como mãe e como você seus filhos.

AE: Quais eventos em sua vida moldaram e impactaram você para se curar mais?

NGT: Como terapeuta, sinto que estou constantemente me curando porque as coisas que preciso atender estão sempre surgindo e eu nem ao menos sabia a respeito. É como: *Oh, há uma coisa nova que precisa da sua atenção.* Muito do trabalho que tenho de fazer ainda está sendo descoberto. Quero dizer, eu sei as coisas grandes, mas acho que há tantas micro coisas que são importantes também. Elas estão constantemente desdobrando-se à medida que as coisas surgem em nossas vidas. Você pode não saber que tem um problema com o luto até que tenha que se lamentar. Você não sabe que tem um problema com a maioria das coisas até que esteja nessa posição e enfrentando algo engatilhado, e é como: *Oh, uau, eu sou impactada por isso.*

Ao sentar-me com as pessoas enquanto elas se movem por diferentes áreas de suas vidas, eu aprendi o quão humanos e conectados todos nós somos. Sentimos que muito do que experimentamos é diferente daqueles que nos rodeiam.

E as coisas podem vir sob várias formas; o luto é luto, a dor é dor, o trauma é trauma. Pode ser trauma de acidente, ou trauma de abandono parental, mas o resultado ainda é esse trauma. Enquanto ouço as pessoas falarem sobre questões diferentes, eu aprendo que muito de tudo o que falamos é relacionável. Isso porque os sentimentos centrais de tristeza, dor e mágoa estão presentes. Isso ainda me ajuda a perceber o quão complicados somos e como estamos conectados. Somos resilientes. Estamos constantemente crescendo, e há sempre algo que precisamos crescer ao e falar a respeito. É apenas um tremendo processo para testemunhar.

Eu penso que a coisa mais impactante que vejo são adultos falando sobre a infância. Ouvir as pessoas falarem sobre sua infância me dá o privilégio de ser a mãe que meus filhos precisariam. Eu ouço essas crianças adultas falando sobre sua criação. Penso em como sou uma criança adulta. Eu me sinto grata por estar em uma bela posição de criar algo diferente porque estou constantemente ouvindo de adultos e pensando nos meus próprios problemas.

AE: Que modalidades criativas você usou para se curar?

NGT: Eu faço jardinagem. Ao longo dos anos, aprendi que jardinagem ensina muito sobre desapegar — que tudo tem uma estação e tudo tem um ciclo. Você não pode cultivar coisas sempre que quiser. Tem que esperar até que o solo esteja fértil. Você espera até que seja hora de crescer alguma coisa. Não pode plantar tomates em um clima de dez graus. Você simplesmente não pode fazer isso. Não posso ficar chateada quando outras pessoas no mundo podem cultivar tomates quando eu não posso — quero dizer, eu poderia ficar chateada, mas eu escolhi não ficar. Jardinagem nos lembra que este pode não ser o momento ou estação para nós, mas haverá um tempo, e temos que esperar. Olhar para as coisas através desta lente mostra muito sobre quem somos como seres humanos e a importância de praticar a paciência. Porque quando queremos coisas e não é o nosso tempo ou estação, devemos esperar. A jardinagem é uma grande professora quando se trata de aceitação, cura e sermos criativas com o que temos. Nos ensina a preservar a bondade das coisas e preservar a alegria que temos em nossas vidas.

AE: Como o descanso emocional realimenta a sua cura?

NGT: Isso volta à gravidez para mim. Eu estava funcionando demais em relacionamentos tóxicos antes de ser mãe. Ter filhos me acordou para a energia que eu estava distribuindo. Eu não sentia mais que era apropriado dar essa energia. Cortei um monte de coisas que estavam drenando minha energia porque eu precisava preservá-la para as pessoas na minha casa. Olhando para trás, o descanso emocional foi útil porque eu percebi que poderia fazer *qualquer* coisa que quisesse, mas não podia fazer *tudo* o que queria. Eu tinha que ser clara que estava fazendo um pouco de tudo. Eu queria ser mais intencional sobre a saúde dos meus relacionamentos e não apenas tê-los. Você pode ser uma colecionadora de relacionamentos e ter um monte de coisas acontecendo, ou pode ter algumas relações de qualidade. Cerca de oito anos atrás, eu mudei de ter uma maior quantidade de relacionamentos para ter os de maior qualidade. Descanso emocional e limites deram-me espaço para ser clara sobre o que eu queria e precisava.

AE: Como você se cura?

NGT: Eu me curo escrevendo. Eu me curo ao estar em relacionamentos com as pessoas. Eu me curo concentrando-me no meu relacionamento comigo mesma e ajudando outras pessoas a se curarem.

Nedra Glover Tawwab *é terapeuta, autora e especialista em relacionamentos.*

AMOR-PRÓPRIO, UM DIA DE CADA VEZ

Ouvimos muito sobre "amor-próprio" nos dias de hoje. As pessoas dizem a frase de qualquer jeito. Mas o amor-próprio não é uma tendência ou um truque. Quando iniciei minha jornada de amor-próprio, lembro-me de ser falado de uma maneira muito extravagante. Quase senti que nunca conseguiria porque as imagens de amor-próprio que eu via pareciam inatingíveis. Isso mudou ao longo dos anos, e eu comecei a enxergar o amor-próprio como apenas isso — prática. Às vezes, essa prática é confusa e complicada; outras vezes, é fácil e alegre. Acredito fielmente que o ato de amar a nós mesmas é sagrado e requer que o pratiquemos diariamente. Incline-se para a ideia de que isso é hidratante. É uma força em nossas vidas. Uma tábua de salvação, se quiserem. No final do dia, vivemos e morremos com nós mesmas. Criar um mundo interior amoroso é monumental. À medida que você trabalha nesta seção do livro, eu gostaria que se lembrasse desta afirmação orientadora e anotasse:

Eu mereço o meu próprio amor.

O amor-próprio é uma inclinação constante.

Tenha paciência e seja gentil consigo mesma. Odiar-se por não aprender a se amar não a levará ao seu objetivo final. Como com qualquer coisa, esta jornada de cura do amor-próprio vai avançar e recuar. O amor-próprio é uma prática restauradora. Ela deve ser. Reformular nossas ideias em torno do que significa estar em um relacionamento seguro e apoiador com nós mesmas verdadeiramente é um momento de ensino. Com paciência e graça, descobri que o amor que tenho por mim mesma melhora com o tempo enquanto eu o conserto.

Tudo trabalha de mãos dadas nesta jornada. Você tem a permissão de aparecer para si mesma sem remorso. Você ficará aquém ao fazer este trabalho. Lembre-se, a perfeição não é bem-vinda aqui. As falhas nos mostram quem somos e onde há espaço para uma autoconsciência mais clara. Muitas de nós medimos onde estamos hoje pelo nosso passado. Se o teu passado te serviu bem ou te fez lutar, ele não dita o seu merecimento. Você é digna de coisas boas e amor-próprio, não importa o por onde tenha caminhado no passado. Libere o desejo de se manter refém de algo que não pode mudar. Como você vai amar a si mesma através do bem e do mal? Ambos merecem toda a sua atenção.

Percebi que o amor-próprio me era estranho quando fui para terapia pela primeira vez. Minha terapeuta perguntou: "O que você ama sobre si mesma?" Ela me deslizou um pedaço de papel, definiu um temporizador de dez minutos e me disse para fazer uma lista. Minhas palmas das mãos começaram a suar, minha garganta ficou seca e eu me senti totalmente fora da minha zona de conforto. Eu não sabia como responder a essa pergunta. O que pareceu ainda mais devastador era que eu não conseguia acessar memórias em que me senti verdadeiramente amada por outras pessoas. Minha mãe não era carinhosa ou afirmativa quando eu estava crescendo. Por causa dos estressores que ela tinha iminente em sua vida, a maior parte do que eu vi e senti dela era raiva. Meu pai biológico vivia entrando e saindo da minha vida e era extremamente prejudicial sempre que ele estava ao redor. Durante a maior parte da minha vida, até os 23 anos de idade, eu estava constantemente procurando por amor fora de mim mesma porque sentia que as pessoas que mais deveriam me amar não amavam.

Não havia exemplos para eu olhar. A página em branco que eu estava olhando parecia que ficar mais vazia e mais branca. Meus olhos começaram a queimar. O tempo estava se esgotando. Minha terapeuta olhou para mim sem julgamento enquanto eu batia a caneta na minha testa. Olhei para ela e dei de ombros. "Eu não tenho uma resposta para isso", disse eu, totalmente derrotada.

Foram os dez minutos mais longos da minha vida. A questão tinha desbloqueado um pouco da minha dor mais profunda. Eu nunca tinha visto a demonstração do amor de mim mesma ou dos outros. Era estranho. Não fui ensinada a me amar na escola e não aprendi a importância de me amar em casa. Acredite ou não, eu me conectei com o auto-ódio. Eu só sabia que estava condenada.

"Está tudo bem, Alex. Nem tudo está perdido. Estou orgulhosa de você por pensar nisso, mesmo que nada tenha surgido", disse ela compassivamente.

Eu pisquei, atordoada com sua bondade e um pouco assustada porque sabia que teria um grande dever de casa para fazer depois daquele compromisso.

Mesmo quando não sabemos por onde começar, temos que começar em algum lugar. Minha lição de casa da minha terapeuta foi, em vez disso, fazer uma lista do que eu *queria* amar em mim mesma. Isso parecia mais fácil do que o exercício inicial. Havia muitas coisas que eu queria amar, e colocar essas coisas no papel me serviu de trampolim na direção certa.

Amor-Próprio em Etapas

Este exercício é um dos meus favoritos. É um convite para olhar para como e o que você precisa para amar a si mesma, um passo de cada vez. Pense nas etapas saudáveis que gostaria de criar ou os rituais que gostaria de começar para cultivar uma relação de amor-próprio mais profunda. Quando nos permitimos ficar confortáveis com não conhecer e estar abertas a descobrir os passos que gostaríamos de dar para aprender o que queremos, a prática começa a parecer menos intimidadora e mais empoderadora. Você não precisa saber todas as maneiras pelas quais se ama hoje. Algumas de vocês vão ler isso e encontrar facilidade e outras se sentirão inseguras. Há espaço para ambas. Depois de ter criado seus próprios degraus, você pode retornar a eles para aprofundar sua prática de amor-próprio. Os meus estão a seguir como exemplo.

Não me contentar com menos

Honrar meus limites

Assumir a responsabilidade

Passo a passo para o amor-próprio

Clareza sobre o que eu quero e porque

Não ignorar a minha dor e ser honesta sobre ela para com os que são próximos de mim

Perdoar a mim mesma e permitir que eu me cure sem julgamento

Diário

3

Recuperando o Seu Poder

Uma vez que temos as ferramentas para começar do zero e enfrentar nossos medos, estamos prontas para recuperar o nosso poder. O registro no diário me permitiu reescrever a minha história. Mostrou-me exatamente o que eu precisava alterar, mudar e abandonar. Tudo o que eu precisava para aprender apareceu vividamente nas páginas do meu diário. Quando aprendi a escrever para curar, ficou claro que eu não podia me esconder de mim mesma.

Passei anos presa em uma narrativa cansada e antiga, evitando minha dor e vergonha, a ponto de isso me deixar doente. Minha ansiedade disparou, minha depressão me agarrava diariamente e eu não sabia como consertar o meu coração partido. Eu estava irritada. Eu senti que a vida tinha me dado desvantagens e eu fui deixada para me virar por conta própria. A terapia começou a não ajudar tanto quanto antes. Senti como se estivesse repetindo o meu trauma várias vezes sem ganhar as novas ferramentas das quais eu precisava para assumir o controle da minha vida. Eu não sabia mais o que fazer além de escrever. Um dia, peguei meu diário e escrevi as perguntas: *O que está te machucando? Onde você sente mais dor? Como quer se sentir?* As comportas se abriram e fiz uma lista de tudo o que estava doendo e com anseio de ser abordado.

Estamos destinados a andar em nossa verdade e propósito. Mas ninguém nos ensina a nos fazer as perguntas difíceis. Nós somos encorajadas a buscar as respostas fora de nós mesmas. Vá à terapia, e o terapeuta irá curá-la. Vá a Deus, e suas orações serão respondidas. Faça meditação, e as respostas virão. Vá a todos os lugares, menos para seu interior, para encontrar as suas respostas. O apoio externo é importante e necessário, mas é um passo na direção da cura, não o fim da estrada. Só você pode se libertar.

Recuperar meu poder quando comecei a me curar e me conhecer significava não mais encolher e silenciar minha voz para o conforto dos outros. Chega de fingir que a minha ansiedade não estava me comendo viva. Chega de dar desculpas sobre não levar a sério a minha cura. Isso também significava fazer a mim mesma as perguntas que eu esperava que os outros tivessem as respostas. Os melhores professores e gurus lhe dirão que você não encontrará o que está procurando se não tiver curiosidade sobre o que você quer e precisa. Lembrar que você é sua maior professora é inestimável.

Eu estava cansada de viver uma história dolorosa. Eu não estava vivendo uma vida que era gratificante, mas queria estar. Eu sabia que precisava mudar. Estava cansada de sufocar e tentar ser tudo para todos e nada para mim mesma. O autoabandono não é um ato de amor. É um sinal de limites fracos e pode levar ao esgotamento e à autodestruição.

Minhas sessões de terapia, meditação e orações não eram o suficiente para sustentar o trabalho de cura que eu disse que queria. Elas ficaram aquém porque depois do desabafo e de remover o fardo na terapia eu estava sozinha. Porque depois da quietude na almofada de meditação, eu estava de volta à rotina da vida. Faltava atenção plena e intenção porque, na realidade, eu achava que não importava e minha dor era muito potente para curar. Eu estava relaxando em fazer o trabalho enquanto esperava que a mudança acontecesse porque percebi com o tempo que as coisas mudariam.

Mas, como aprendi em primeira mão, a cura requer dedicação total e comprometimento. O tempo não é o que vai nos curar; o que fará isso é praticar o que estamos aprendendo estando ou não na almofada, dentro e fora da sala do terapeuta. Eu estava sendo empurrada pela minha prática de escrita para identificar como eu queria aparecer e ser grande na minha vida. A escrita revelou onde eu precisava agir para recuperar meu poder. Eu tive que me comprometer a fazer de mim mesma uma prioridade e a parar de me abandonar como um ato de amor para aqueles que me rodeiam.

Muitas vezes, quando estamos nos livrando do fardo da nossa bagagem emocional e descobrindo o trauma, hábitos pouco saudáveis, limites quebrados e pontos problemáticos que ignoramos, isso parece muito opressor. É quase como se estivéssemos melhor sem nos livrar disso tudo. Em várias ocasiões, me encontrei sem o espaço mental e fechando a bagagem de volta. Olhar para a nossa dor a torna real, e sei que pode parecer aterrorizante, mas a cura começa quando fazemos a escolha de enfrentar o que mais nos assusta.

Recuperar o nosso poder significa segurar nossos medos, dor, esperanças e sonhos de uma só vez. Devemos aprender a abraçar a ideia de nos voltarmos para as coisas que empurramos para longe. Aquelas coisas fazem parte da nossa história, mas não são toda a história. Somos mais do que isso. Esse trabalho da alma não precisa que nós sejamos fortes; ele nos inspira a estar abertas à possibilidade. Muitas vezes somos ensinadas a aguentar, empurrar a dor para baixo, e suprimir nossos sentimentos, pensamentos e emoções. Liberar essa maneira tóxica de se envolver com a nossa dor é onde podemos começar a desmantelar a ideia de que temos que ser perfeitas e recompostas a cada passo.

A vida é confusa, assim como o ser humano. A cura não exige o desempenho do perfeccionismo. Em vez disso, ela lhe dá as boas-vindas para deixar de lado a dor que você está carregando, dar espaço e olhar para ela pouco a pouco. Ao fazê-lo, a alegria, a tranquilidade e o amor-próprio começam a surgir. Tudo leva tempo, especialmente quando olhamos atentamente para o que dói, o que não está nos servindo e onde precisamos de hábitos mais saudáveis com nós mesmas e com os outros. Lembrar que todas merecemos ocupar um espaço intencional nesta vida é como nos levantamos e recuperamos o nosso poder. Assentar não é mais a opção mais segura. Mostrar-se plenamente em sua cura é o que irá libertá-la e começar o novo capítulo que você está procurando.

DESCOBRINDO SUA VERDADEIRA VOZ

Descobrir nossa verdadeira voz, nossos sentimentos e desejos mais profundos, é o nosso direito de nascença. Quando aprendemos a nos conectar com esta voz podemos identificar melhor onde na vida nos sentimos silenciadas, pequenas ou como se estivéssemos nos acomodando. A autorreflexão nas páginas do diário nos encoraja a fazer mais perguntas e descompactar as nossas respostas. Fazer-me as seguintes perguntas levou-me a me aproximar e a ser pessoal com alguns dos meus traumas e dores enterradas.

O que está te machucando?

Sentir que eu não importo.

Estar presa e não saber o que fazer ou onde fazer.

Sentir-me triste por ter nascido de pais feridos.

Sentir que não posso me afastar o suficiente dos erros do meu passado.

Onde você sente mais dor?

No meu peito e mandíbula.

No meu casamento; parece difícil estar vulnerável, mesmo que eu me sinta segura com meu marido.

Nas minhas costas. Quando fico muito estressada, ela dói.

Na maternidade; às vezes me sinto tão perdida e incerta.

Ninguém me ensinou a criar e amar outras pessoas.

Como você quer se sentir?

Quero me sentir confiante.

Quero me sentir segura, mesmo diante da vulnerabilidade.

Quero ter um suporte, mesmo quando as pessoas não entendem a minha dor.

Quero sentir uma conexão mais profunda comigo mesma.

Voltar-me para o que agora chamo de "escrita restaurativa" me convidou a tomar o meu tempo e ser paciente comigo mesma. A escrita restaurativa continua a me ajudar a descobrir a minha verdadeira voz e dar pequenos passos intencionais na direção da autolibertação. Depois de ter escrito minhas respostas, voltei e usei perguntas de *por que* e *como* para cavar ainda mais fundo, descompactando ainda mais os sentimentos e verdades por trás de cada uma das minhas respostas iniciais. Por exemplo, para descompactar minha primeira resposta, escrevi o seguinte:

O que *está te machucando?*

Sentir que eu não importo.

Por que *isso está te machucando?*

Porque sentir que eu não importo me mantém presa em ciclos que são difíceis de romper. Sentir que não agrego valor ao mundo torna difícil para eu lembrar do meu valor.

Como *você quer que as coisas mudem?*

Eu quero ser autossuficiente quando se trata de conhecer o meu valor. Quero construir uma confiança que não pode ser quebrada por rejeição, vergonha ou culpa. Eu sei que reconhecer a autoestima é um trabalho interno. Vou começar a escrever e me lembrar do valor que trago para o mundo.

Esses exemplos são apenas a ponta do iceberg para descobrir minha verdadeira voz. Desgastar lentamente as camadas de autoproteção permite a transformação. Identificar o seu *porquê* e agir sobre o *como* é quando as coisas começam a clicar e tomar nova forma. Nós somos as únicas que têm as respostas aos nossos desejos e necessidades. Mesmo quando parece difícil trazer esses desejos à tona, eles estão lá esperando por nós.

Meditação

Eu Estou Recuperando o Meu Poder

Para esta prática de meditação, convido-a a ler as seguintes afirmações em voz alta. Leia para si mesma como se estivesse se preparando para o dia começar ou terminar. Olhe para si no espelho e diga elas em voz alta. Você tem o poder de mudar seus pensamentos e identificar o que quer e precisa. Começar essa prática irá lembrá-la de que você não precisa esperar que outra pessoa lhe dê as respostas que está procurando. Você pode se voltar para dentro e se afirmar. Respire fundo e expire pela boca aberta antes de ler.

> *Eu estou recuperando meu poder sendo honesta comigo mesma.*

> *Eu estou recuperando meu poder abordando minha dor.*

> *Eu estou recuperando meu poder inclinando-me para a vulnerabilidade.*

> *Eu estou recuperando meu poder aparecendo e não encolhendo.*

> *Eu estou recuperando meu poder estabelecendo limites saudáveis comigo mesma e com os outros.*

> *Eu estou recuperando meu poder desacelerando e identificando minhas necessidades.*

> *Eu estou recuperando meu poder explorando meus sentimentos sem vergonha.*

> *Eu estou recuperando meu poder me curando lenta e propositalmente.*

Libertação Através da Cura

Dra. Thema Bryant

Trabalho como psicóloga que trata de traumas e professora. Eu facilito a cura treinando e ensinando pessoas interessadas em fazer o trabalho da psicologia, seja através da educação, pesquisa, advocacia ou ativismo. Minha especialidade é a recuperação do trauma. E dentro da psicologia do trauma, eu olho para a influência da cultura em nossas experiências de trauma e como nos curamos.

Para mim, os caminhos da cura são encontrados nas artes expressivas, particularmente na dança e na poesia. Eu também encontro profunda restauração em terapia individual, comunitária e apoio social, espiritualidade e ativismo. Esses cinco caminhos têm sido essenciais para mim e para a minha jornada. Eu também integro esses caminhos quando estou ajudando outras pessoas a se curarem.

Quando era estudante universitária, fui abusada sexualmente. Eu estava em casa, em Baltimore, Maryland, de férias quando a agressão ocorreu. Até aquele momento, eu sempre tinha sido uma boa aluna. Estava sempre na lista de honra ou na lista de reitores, e gostava de aprender. Quando voltei ao campus após a agressão, foi difícil focar e me concentrar. Eu estava deprimida e ansiosa. Tive que descobrir uma maneira de me curar para avançar para um lugar de bem-estar.

Uma das coisas que fiz foi ir à terapia individual no centro de aconselhamento da universidade. E apesar de eu não trabalhar atualmente em um centro de aconselhamento universitário, não é insignificante que a primeira posição que ocupei depois de obter meu doutorado foi como coordenadora de um escritório que lidava com casos de abuso sexual em uma universidade. Eu sei que diferença pode fazer quando você tem pessoas treinadas, compreensivas e experientes para lhe ajudar a entender o seu mundo de cabeça para baixo.

Enquanto estava na escola, eu já sabia que queria ser psicóloga, mas tenho certeza de que uma grande parte da minha ênfase no trauma sexual, em particular, nasceu da minha experiência. Uma das coisas que descobri é que muitas vezes você ouve sobreviventes contarem suas histórias apenas quando estão em um lugar de devastação. Quando olhava ao meu redor, não via nenhum modelo de pessoa que chegou ao outro lado de sua dor e encontrou alegria. Descobri que isso se dá geralmente porque as pessoas trabalham em seus traumas e, então, o guardam. Parte essencial do meu testemunho é quando falo com as pessoas sobre meu abuso sexual. Quebrar o silêncio e a vergonha é algo crítico para nossa cura, pensar sobre meu abuso a partir do ponto de vista da cura e da plenitude permite com que as pessoas vejam e saibam que não temos que ficar presas num lugar de devastação.

A terapia individual foi muito útil, assim como o meu amor pelas artes. Muitas sobreviventes de traumas sexuais têm relações complicadas com os seus corpos. Algumas de nós estão zangadas com os nossos corpos. Antes da agressão eu tinha sido uma dançarina, e agradeço à minha mãe por me apresentar a forma de arte quando era mais nova. Na pré-escola, ela tinha me matriculado em aulas de dança na YMCA. A dança me deu uma linguagem. Ela me permitiu contar a minha história através do movimento. Antes de saber falar, eu dançava. Esse é um dos dons de criatividade — você pode dizer tanto ou tão pouco quanto quiser.

Também escrevo poesia. Assim como dançar, isso me dá uma voz e uma saída. Escrevi sobre o abuso em minha poesia, mas muitas pessoas não sabiam do que eu estava falando. Surpreendentemente, havia alguns sintonizadas o suficiente para decodificar o que eu estava dizendo. Eles se aproximavam de mim com empatia e diziam: "Sinto muito que isso aconteceu." As artes me deram permissão para me curar livremente e autenticamente. Ela me ofereceu a oportunidade de recuperar a propriedade de mim mesma.

Muitas dessas experiências são indescritíveis e a vergonha é profunda. Somos instruídas a não falar sobre isso, o que é prejudicial para a nossa saúde e bem-estar. Com os meus clientes, eu os encorajo a encontrar sua voz ao escrever poesia, especialmente quando parece difícil falar a respeito em voz alta. O trauma faz você se sentir como se fosse a única ou que você é diferente de todos os outros. Isso pode muitas vezes deixar as pessoas se sentindo como se estivessem quebradas e todo mundo está bem. Encontro uma conexão profunda com o dom de comunidade. Ser acreditada e apoiada muda a forma como nos curamos. Conectar-se com pessoas que não têm uma experiência idêntica, mas podem se relacionar por causa do que têm passado é benéfico. Isso faz com que as pessoas não se sintam tão isoladas. Como terapeuta, acho que abrir espaço não só para as artes, mas também para a terapia comunitária é essencial.

A espiritualidade também desempenha um grande papel na minha vida e trabalho. Profissionalmente, tentei intencionalmente ser uma ponte entre as comunidades religiosas e a comunidade de saúde mental. Muitas vezes os dois estão separados. Então, junto com o meu doutorado em psicologia, tenho mestrado em divindade. Sou apaixonada por ajudar as comunidades de fé a dar a eles mesmos e outros permissão para dizer a verdade, e não se esconder atrás das escrituras. As escrituras podem ser muito úteis. E junto com as escrituras, precisamos ser capazes de dizer: "Eu estou quebrada, estou cansada, estou frustrada, estou louca, estou deprimida." e que isso não seja silenciado ou vergonhoso.

Quero normalizar que os problemas de saúde mental têm impacto nas pessoas que amam a Deus. Pessoas de fé podem e experimentam traumas, depressão e desafios de saúde mental. Há histórias de agressão na Bíblia. Como muitos outros, eu nunca tinha ouvido essas histórias pregadas. Mas uma vez que aprendi sobre elas e estudei a Palavra por conta própria descobri outras teólogas feministas e mulheristas que escreveram sobre essas histórias a partir das perspectivas das meninas e mulheres que foram agredidas. Foi curador para mim experimentar esse lado da teologia e da fé.

Eventualmente, liderei um ministério de mulheres por vários anos e falamos aberta e livremente sobre espiritualidade, trauma, e saúde mental. E porque eu treino futuros psicólogos, muitos nunca foram educados para perguntar às pessoas sobre sua fé, espiritualidade ou religião. E para muitas pessoas, clientes e terapeutas, a crença é uma parte central de sua criação de sentido. Imagine trabalhar com alguém por meses, ou mesmo anos, e você nem saber como eles veem o mundo.

Pensar que a espiritualidade e religião não são do domínio do terapeuta não serve os nossos clientes. Muitas vezes, os profissionais de saúde mental negligenciaram o tema ou disseram coisas muito humilhantes e desrespeitosas, as quais fazem com que as pessoas não queiram voltar. Queremos evitar isso na terapia. Queremos que as pessoas voltem. A consciência cultural não é apenas sobre raça e etnia, mas também espiritualidade e fé das pessoas. Curiosamente, talvez sem surpresa, mulheres, pessoas de cor e pessoas com menos educação endossam maior espiritualidade ou religiosidade. Então, se nossas intervenções psicológicas ignoram esse aspecto que é central para a vida das mulheres de cor, então como terapeutas, estamos negligenciando-as e servindo-as mal.

Ao longo dos anos, me tornei cada vez mais sintonizada com o poder do não e o poder de honrar meus limites. Não é surpresa que 2020 tenha sido um ano turbulento e, como uma profissional de saúde mental, eu estava empenhada em ajudar e servir os meus clientes e comunidade. Algo que aprendi durante esse tempo que me empurrou para mais fundo na cura foi como e quando dizer não quando se trata da minha vida profissional e limites. Isso foi muito grande para mim porque eu quero estar disponível — é por isso que escolhi esse trabalho. No entanto, por causa da pandemia, a vida estava muito avassaladora para todos nós.

Finalmente, muitos membros da comunidade negra estavam buscando serviços pela primeira vez. Enquanto algumas pessoas tiveram um ritmo de vida mais lento em 2020, aqueles no mundo da saúde mental estavam transbordando para tentar ajudar os nossos clientes e cuidar de nós mesmos e de nossas famílias. Eu tinha que começar a encaminhar clientes para outros profissionais de saúde mental e eu me senti terrível, porque as pessoas estavam aparecendo para se curar e obter ajuda, e eu não podia apoiá-las como queria. Por fim, comecei a aceitar todos que podia até não poder mais. A vida me pegou e percebi que precisava parar e dizer: "Eu não posso ser tudo para todos", e esse foi um ponto de libertação para mim durante esse tempo. Aprendi a não só definir melhores limites, mas também honrar a minha humanidade e a minha capacidade de descansar emocionalmente para que pudesse aparecer plenamente no meu trabalho e na minha vida. Quietude e solidão são necessárias para restauração e cura.

Dra. Thema Bryant *é uma psicóloga,*
ministra, autora do livro Reencontro.

Autorizações

Nesta prática, você escreverá autorizações para si mesma. A ideia aqui é se afastar da rigidez e de se manter refém de estar sempre fazendo algo e, em vez disso, avançar na tranquilidade, no descanso e na libertação. Intitule no topo da sua página "Eu Tenho a Permissão de." Crie quatro seções na mesma página intituladas "Curar", "Descansar", "Criar" e "Encontrar Alegria". Preencha cada caixa com coisas que você está se permitindo fazer. Não se detenha. Não importa quão grande ou pequeno, explore os desejos do seu coração. Explore as coisas que fazem você se sentir vista, segura e apoiada. Concentre-se em nomear suas necessidades, não filtradas por vergonha e culpa. A fim de recuperar o seu poder, você deve se permitir ocupar espaço, nomear suas necessidades e buscar o que lhe traz alegria.

Diário

REESCREVENDO A SUA NARRATIVA

Reescrever a sua história — apropriar-se de sua narrativa e de quem você quer ser — é um passo essencial nessa jornada de cura. Escrever para curar nos permite abordar as partes da nossa história que precisamos nos livrar para avançar com poder e confiança. Haverá momentos de ternura em que nos afastamos do que já sabíamos e de quem já fomos. Isso faz parte do processo. Você está no controle aqui. Só você saberá quando estiver pronta para colocar as coisas na página do diário. Estar preparada para reescrever a sua narrativa irá forçá-la a olhar para as coisas das quais tem se afastado. Esta é a sua história. Não deixe o medo impedi-la de virar uma nova folha. Reescrever a sua narrativa requer bravura, fracasso, recomeço e estar disposta a mudar.

Aos 20 e poucos anos, comecei a fazer mudanças significativas na minha vida. Eu estava cansada de me sentir derrotada pelas minhas más escolhas. Meus relacionamentos não eram saudáveis e eu continuava tentando me consertar nos mesmos ambientes que me quebraram e me distraíram do trabalho de cura que eu queria fazer. Eu estava perdida e sem saber como encontrar o meu caminho, mas sabia que tinha que fazer isso — eu sabia que queria. Na minha jornada para enriquecer minha vida, recebi muita resistência. Algumas pessoas não tinham certeza de como lidar com as mudanças que eu estava fazendo e questionaram a minha autenticidade. Teria sido mais fácil permanecer presa aos meus velhos caminhos, mas teria sido prejudicial a longo prazo, tornando a minha vida muito mais desafiadora e menos gratificante. Escolher reescrever a minha história, mudar e me comprometer com a minha cura me permitiu crescer e me tornar o meu melhor eu. Permitiu-me assumir o controle da minha vida e liberar todas as histórias que eu estava carregando que não me pertenciam.

Ao longo dos anos, aprendi a importância de curar a minha criança interior, a prática de estar em diálogo e nutrir meu eu mais jovem. Eu estava presa em velhos costumes por causa de comportamentos doentios aprendidos em minha criação. Na minha juventude, aprendi a agradar as outras pessoas e me encolher para me encaixar e ser amada. Estava constantemente procurando por validação externa para me moldar em uma pessoa amável. Isso significava abandonar o meu verdadeiro eu e viver uma história que não precisava ou queria.

Quando comecei a fazer mudanças em minha vida, ficou claro que fugir da minha história — as partes boas, ruins e desoladoras — não era mais uma opção. Ela não havia me levado a lugar algum. Escolhi me curar e encontrar conforto na minha própria companhia e verdade interior. Meu emocional e a jornada espiritual me lembrou de que eu estava no controle da minha vida. Eu tinha o poder de crescer com ou sem alguém de pé ao meu lado. Foi um surto de crescimento que me forçou a enxergar a mim mesma. Perdi amigos, a família não me entendeu e tive que descobrir como me apoiar emocionalmente sozinha. Curar-me enquanto isolada foi a parte mais assustadora, mas eu tive que superar o meu antigo eu. Não ter ninguém além de mim mesma, minha verdade e meu diário não era divertido, mas me encorajou a finalmente me enxergar. Fazer este tipo de trabalho de restauração da alma sozinha me permitiu recuperar o meu poder.

Escolher a si mesma quando ninguém está torcendo por você é um ato revolucionário. Sim, ter pessoas no seu canto torcendo faz você se sentir bem no momento. Mas lembre-se, a validação externa é um bônus, não o objetivo.

E se você não for cuidadosa, ela tem o poder de mantê-la presa em uma falsa sensação de conforto em vez de conectada consigo mesma e com sua história. A validação externa não é o que vai te curar. Ela é temporária. A cura é um trabalho solitário que só pode ser feito por você.

Eu a encorajo a dar um passo atrás e olhar para a sua vida com seus próprios olhos, não através dos olhos de seus pais, empregador, amigos ou parceiro. Quem é você? O que você quer? Como deseja reescrever a sua narrativa? É intimidador se afastar do conforto dos outros ditando como devemos ser, mas a cura não requer nada menos. Veja seus surtos de crescimento emocional e mental como o empurrão que precisa para olhar mais profundamente por meio de olhares de autocompromisso, autoexploração e autoconfiança.

Ninguém pode forçá-la na direção que você precisa ir — nem um terapeuta, nem um treinador, nem o seu autor favorito. Há sempre momentos em que a cura deve ser feita por você. Depois de consultar um médico por conta de um osso quebrado, você não se senta em seu escritório até que seu osso esteja curado. Você recebe os cuidados que precisa e é mandada para casa para descansar e curar em seu próprio tempo. O mesmo vale ao se curar em um nível emocional. Voltamos para casa para nós mesmas, nos voltamos para nosso interior e consertamos um passo e um dia de cada vez.

À medida que você descompacta e reescreve sua história, à medida que explora a sua verdade pessoal, você se familiarizará com o que sabe ser verdadeiro sobre si mesma. Coisas que você tem escondido ou tem dificuldade em enfrentar surgirão e irão lembrá-la de se inclinar. Mantenha-se curiosa sobre a sua cura. Se afastar irá mantê-la em um ciclo de vergonha e arrependimento. Olhe para as coisas que você precisa enfrentar e aprenda com elas.

O Ofício da Cura
Nneka Júlia

No fundo, sou uma artista e uma empreendedora. Eu amo tanto a arte quanto a ciência de muitas coisas. Quando criança, eu era sempre a pessoa rabiscando em paredes ou cortando flocos de neve e colando-os em toda parte. Sempre existiu essa necessidade externa de criar algo tangível. Sou muito grata por meus pais não terem me desencorajado mesmo que eles acreditassem em seguir um modelo educativo tradicional. E apesar de não me mandarem para a escola de arte, eles abraçaram meu espírito e personalidade criativos.

    Eventualmente, parei de desenhar e pintar porque pensei que precisava seguir esse caminho linear em direção a uma carreira. Depois da faculdade, trabalhei para a empresa da minha família por quinze anos, até 2021. Durante esse tempo, trabalhei com indivíduos com problemas de saúde mental e deficiências de desenvolvimento. Estar nessa linha de trabalho e construir um negócio em torno do cuidado aos outros moldaram a forma como eu vejo negócios e relacionamentos. Isso me ensinou muito sobre compaixão e comunidade como uma extensão de mim mesma.

    Quando você tem a experiência de trocar a fralda de um adulto ou dar medicação a alguém, e lida com indivíduos que são muito imperceptíveis e invisíveis para a maioria da sociedade, você aprimora a habilidade de fazer as pessoas se sentirem vistas e seguras. Não só isso, mas também aprende a fazer uma autorreflexão em um nível mais profundo. Muitas vezes saí do trabalho me perguntando o que me faz sentir vista.

Sempre gostei de fotografias. Folhear os álbuns do meu pai é algo que gosto de fazer. Ele e a minha mãe têm feito um ótimo trabalho documentando suas vidas. Quando eu tinha 20 anos, descobri esse grande balde de fotos que nunca tinha visto antes. E fiquei tipo, *cara, eu não acho que fiz um trabalho bom o suficiente de capturar pessoas e coisas do jeito que meus pais fizeram.* Eu tinha feito um ótimo trabalho postando coisas no Facebook, mas queria fazer mais daquilo que meus pais tinham feito — capturar momentos e experiências que, de outra forma, seriam perdidos. Isso me levou a pegar a câmera do meu pai emprestada por um tempo. Ele deixou claro que eu não podia ficar com ela para mim e ele a queria de volta. Então guardei algum dinheiro, comprei uma Nikon e comecei a tirar fotos.

Como filha do meio, eu não gostava de ser o centro das atenções. Quando peguei o jeito da fotografia, aprendi que a arte mostrava a beleza de ser visto pela maneira com que eu via e capturava o que estava ao meu redor. Quando as pessoas olham para uma fotografia, elas estão olhando para o mundo através do seu olho. Isso foi e ainda é surpreendente para mim. Comecei a viajar e a colecionar essas histórias visuais. Indo a lugares e conhecendo pessoas, percebi que o Instagram e mídias sociais são muito unidimensionais.

Eu estaria andando nas costas de um camelo enquanto passava por um rompimento e as pessoas viam apenas o camelo. Por mais que eu adorasse fazer imagens e compartilhá-las, isso se tornou uma maneira muito superficial de me comunicar. Nunca vi fotos assim. Elas sempre mantiveram tanta profundidade para mim. No entanto, quando o compartilhamento é simplificado para um quadrado na tela do seu telefone, as imagens são muitas vezes vistas apenas como esteticamente agradáveis ou aspiracionais. Ninguém sabe o que está acontecendo na sua vida. Comecei a perguntar a mim mesma: *Que lições estou transmitindo? O que eu realmente estou deixando para trás se é apenas beleza?*

Quando comecei meu podcast, foi quando levei a escrita um pouco mais a sério. Eu sempre escrevia, anotando, fazendo diários e coisas do tipo, mas nunca ao ponto de querer compartilhar as histórias. Decidir compartilhar as minhas histórias foi um ponto de virada. Casar imagens com palavras e áudio criaram um profundo senso de conexão com o meu trabalho e o mundo à minha volta. Houve momentos em que me senti tão sozinha escrevendo e gravando histórias. Mas então alguém do outro lado do mundo entraria em contato, compartilhando o quanto eles poderiam se relacionar. Há conforto em saber que não sou a única que foi ferida. Acho que compartilhar essa parte de mim mesma é vital. Contar histórias escritas mudou minha vida e é o núcleo de como eu tenho me curado e continuar a curar.

O término pelo qual passei foi difícil. Ele me deixou tentando entender a dor que estava sentindo. Meu apetite desapareceu. Eu estava dormindo o dia todo e tinha afundado em o que agora vejo como uma depressão profunda. Escrever sobre isso agora e estar em um espaço emocional completamente diferente é desafiador. Mas, como artista, sei que minhas experiências e histórias não são em vão. Alguém lá fora pode ser capaz de se relacionar e tirar algumas pepitas de sabedoria do que eu passei.

Minha jornada para uma cura mais profunda foi o pontapé inicial quando percebi que nenhuma das minhas respostas era externa. Lidar com o desgosto foi a prova de que absolutamente ninguém me salvaria. Nenhum guru desceria e me diria que tudo ficaria bem. Nada poderia magicamente fazer meu ex me amar ou fazer com que eu amasse a mim mesma de forma responsável. Tinha que partir de mim.

Eu sou o meu lugar central — um lugar para o qual sempre posso voltar. Ao longo dos anos, descobri que todos ficarão bem. Viver 2020 foi a prova de que me afastar para cuidar de mim mesma e me curar quando precisasse não machucaria ninguém. Todo mundo vai viver se você se retirar um pouco. Não há problema em fazer de si mesma uma prioridade.

À medida que aprimoro meu ofício e continuo criando e capturando histórias, costumo me perguntar: *Como estou deixando as pessoas melhores do que como eram antes?* A cura me ensinou a estar no fluxo. Quando encontro esse lugar, o tempo e o espaço desaparecem. A fotografia e a escrita servem de convite para desacelerar e ser mais intencional. Contar histórias, do discurso à palavra escrita, é como eu me curo. Sou uma colecionadora de histórias.

Nneka Julia *é uma escritora, fotógrafa e apresentadora de podcast.*

Qual é a minha história?

Esta prática de escrita é centrada em torno de sua história para que você possa recuperar o que lhe pertence e liberar o que não lhe pertence. Use a lista de perguntas abaixo para começar a se conectar com sua história autêntica, a história que reflete seus valores, sonhos e alegria. Não faça essas perguntas de uma só vez. Dê paz a si mesma e tire um tempo para se sentar com cada pergunta.

Que histórias não me pertencem as quais estou me agarrando?

Como quero começar este novo capítulo da minha vida?

Que histórias, boas ou ruins, me moldaram?

O que eu gostaria que um livro sobre o meu legado dissesse?

Do que eu preciso parar de falar comigo mesma?

Há alguma história que eu precise liberar ou parar de repetir?

Diário

FAZENDO AS PAZES COM HISTÓRIAS ANTIGAS

Se você não se perdoar ou deixar de lado velhas narrativas, a cura será difícil de encontrar. Manter-se refém e odiar-se por seus erros passados não apoiará o seu desejo de curar ou criar a tranquilidade na vida que você quer. Passei anos na profundidade da minha dor porque achei que merecia. Muito do meu trauma e sofrimento emocional veio da minha infância. Senti que odiar a si mesma era normal. O amor-próprio e perdoar a mim mesma e aos outros era estranho para mim.

Não havia ninguém na minha vida me ensinando a me amar. Eu não tinha as ferramentas para reivindicar meu poder pessoal e tive que descobrir como aparecer para mim mesma por conta própria. Costumo brincar que falhei no meu caminho para o autoperdão. Agora vejo os muitos fracassos como uma bênção disfarçada, mas naquela época eu estava com raiva e confusa. Quando a toxicidade e a turbulência interior parecem o padrão, a mudança parece algo de outro mundo. Foram necessários anos de terapia, autorreflexão, falhas, e processamento nas páginas do meu diário para desfazer essa mentalidade. Desaprender as coisas disfuncionais que eu estava carregando tão perto do meu coração por tanto tempo foi uma grande montanha para escalar.

Na infância, eu queria a atenção do meu pai ausente; na idade adulta, eu competia pela atenção de homens e amigos emocionalmente ausentes. Tudo isso me afundou ainda mais na autodestruição. Naquele momento da minha vida, eu imaginei que viveria assim até o dia em que morresse. Eu me machuquei por anos antes de decidir que era hora de virar o jogo e começar de novo. A automutilação emocional era extremamente difícil de desaprender e criou ainda mais trabalho quando eu finalmente comecei a arranhar a superfície da minha cura.

Enquanto me curava, percebi que escolhi permanecer perdendo como castigo. Achei que isso me ensinaria uma lição. A maior parte do meu sofrimento foi autoinfligido porque me faltava autoestima. Eu não acreditava que minha vida valia qualquer coisa. E por causa dessa maneira derrotadora de pensar, a alegria e a cura não pareciam estar ao meu alcance. Acabei reforçando a mentira de que eu não podia confiar em mim mesma ou em meus pensamentos. Com essa mentalidade liderando minha vida, eu tentei encher meu coração com validação externa e relações codependentes tóxicas.

Quando odiamos e maltratamos a nós mesmas, por qualquer razão, atrapalhamos nosso crescimento emocional e silenciamos a empatia e a autocompaixão. Perdemos a nós mesmas e a nossa esperança na dor. A capacidade de criar um novo caminho parece ficar cada vez mais longe. Muitas de nós fizemos e dissemos coisas — e agimos de maneiras que lamentamos — por causa do estado emocional e mental em que estávamos. Não podemos retomar nossos erros ou mau comportamento. Não podemos fazer as coisas desaparecerem. E, mesmo em nossos erros, fracassos e desafios, não merecemos mais a angústia que nos infligimos por algo que não podemos mudar. O que temos o poder de mudar é a nossa perspectiva. Oferecer amor às partes de nós mesmas que odiamos por tanto tempo requer dedicação e prática.

Merecemos aparecer neste trabalho falho. Acertar o tempo todo é impossível. Não há ponto de chegada na cura. Enquanto estivermos vivas, continuaremos a crescer, falhar, ter sucesso e aprender ao longo do caminho. Depois de muitos anos fazendo meu próprio trabalho de cura profunda, descobri que nossas respostas estão enterradas dentro de nós. Todas temos o poder de recuperar nossa verdade e compartilhar nossa verdadeira beleza e alegria com o mundo.

É fácil nos convencer a fazer o trabalho de que precisamos para mudar. Mas nos tornar quem desejamos nesta vida requer reconhecer e liberar quem costumávamos ser. Isso nos chama a reconhecer nossos padrões e agir para mudá-los. Podemos nos envolver em nossas mentes sobre como devemos aparecer e nos curar. Podemos nos sentir isoladas porque as pessoas ao nosso redor se recusam a entender ou fazer o trabalho de sua própria alma.

Lembre-se de qual é o seu trabalho. A paz interior começa quando você para de tentar mudar as pessoas que não querem mudar. Sua cura e a cura dos outros não são sinônimos. Fazer as pazes consigo mesma e com o seu passado é como empurrar e quebrar ciclos de disfunção, trauma e auto-ódio. Quando você escolhe se curar, você escolhe ativamente curar as gerações posteriores.

Deixe que este trabalho lhe mostre como é se inclinar para a graça. Estamos em constantes altos e baixos quando se trata de aprender o amor-próprio, a paz interior e o aprofundamento da conexão com quem estamos nos esforçando para ser. Não podemos nos odiar por sermos versões melhoradas de nós mesmas. É impossível. Amor, paciência e compreensão têm que estar no centro da nossa cura.

Uma prática de escrita serve como convite para largar as coisas, literalmente, para que possa abraçar uma nova história. Muitas de nós temos nos apegado a nossas versões antigas porque não sabemos onde colocá-las. Nossas bagagens emocionais estão tão cheias que não há lugar para a mudança porque não há espaço. Abandonar a si própria não está funcionando. Esta prática de cura e evolução requer que você esteja totalmente presente e comprometida. Manter-se em seu poder se parece com não se acomodar ou desistir quando a vida fica difícil. Recuperar a sua voz significa se libertar dos limites da caixa em que esteve vivendo por muito tempo. Você tem o poder de contar uma nova história.

A Cura em Desacelerar
Chriselle Lim

Alex Elle: Quem é você e o que faz?

Chriselle Lim: Em primeiro lugar, sou mãe de duas meninas. Tenho uma filha de 7 anos e uma de 3 e sou empreendedora digital. Comecei minha carreira como criadora de conteúdo. Algumas pessoas me conhecem do meu canal do YouTube. Algumas me conhecem do TikTok como Mamãe Rica. Outras me conhecem pelo meu senso de moda no Instagram. Eu também tenho uma empresa chamada Bümo. É tudo sobre o futuro da família e a procura de soluções para pais modernos, trabalhadores e millennials.

AE: Como a cura apareceu em sua vida?

CL: A cura apareceu durante um período difícil para mim. Passar pelo meu divórcio trouxe muitas coisas à tona. Muito do meu processo de cura requer espera e estar parada. Essa foi a parte mais difícil para mim. A parte mais desafiadora da cura é sentar-se consigo mesmas, com nossas almas, e apenas nos observar sem julgamento ou crítica severa. Eu vivo uma vida acelerada e passar por um divórcio me obrigou a desacelerar tudo e me conhecer melhor. Todas nós ficamos tão ocupadas com nossas vidas e às vezes queremos passar pelas coisas apenas para conseguir passar por elas e terminar logo com isso — mas eu sabia que não poderia fazer o mesmo com o divórcio. Tive que sofrer adequadamente e abrir espaço para mim. Ainda estou me curando hoje, mas acho que estou fazendo isso de uma maneira muito saudável.

AE: O que passar por um divórcio te ensinou sobre si mesma?

CL: Muito! Mas o principal é que, quando você é casada e tem filhos, você deixa muitas coisas passarem apenas para se certificar de que a família está confortável. Acabei indo parar no final da minha lista de prioridades até eu quebrar. Tenho conversado com outras mulheres ultimamente — divorciadas, casadas e solteiras — e as histórias são todas semelhantes. Todas parecemos estar condicionadas a colocar outras pessoas antes de nós. Isso é algo que eu gostaria de mudar, especialmente quando se trata de mães. Por crescer com pais imigrantes, muitas vezes ouvi dizer que eles tinham que sacrificar tudo para se certificar de que a família e as crianças estavam felizes, seguras e em uma unidade. Como mulheres, nos tornamos cegas para muitas coisas, incluindo a nossa dor, desejos e necessidades, por causa disso. Afastamos nossos medos, problemas, gatilhos e coisas que nos incomodam para manter a unidade familiar e eu quero pôr fim ao estigma das mulheres que *não* fazem isso. Não precisamos nos estabelecer ou ser as últimas da nossa lista.

AE: Que modalidades criativas você usou para se curar?

CL: Porque eu estive tão ligada ao meu trabalho e família, não havia espaço para explorar o que eu gostava fora dessas duas coisas. Ainda estou descobrindo o que me traz muita alegria fora do trabalho e das crianças. Duas coisas que me pego fazendo muito mais são ler e viajar. Como tenho a guarda compartilhada, tenho mais tempo para aproveitar essas duas coisas. Isso tem sido a cura para mim. Antes, eu nunca viajei para mim mesma ou para explorar e ver coisas novas. Estava sempre na estrada a trabalho. Entrava e saía. Não conseguia aproveitar os lugares que visitei. Agora a minha coisa favorita a fazer é ler um livro. Gosto de ser capaz de embarcar em um voo longo para algum lugar, terminar o livro, sair do voo e apenas explorar. Sinto-me muito grata por ter a capacidade, o tempo, e as finanças para fazer isso. Ter mais tempo para me conhecer e saber o que eu gosto tem sido inspirador. Estou ansiosa para explorar outras coisas, como esportes ou arte.

AE: Como fazer uma pausa na cura ajuda você a se restaurar?

CL: Acredito em terapia, autoaperfeiçoamento e ter o objetivo de se tornar uma pessoa melhor. Adoro aprender mais sobre mim e crescer para me tornar minha melhor versão. Às vezes, isso me impede de estar presente no momento, viver livremente e realmente aplicar o que aprendi na vida. Nos primeiros seis meses do meu divórcio eu estava tão obcecada em me assegurar de que estava constantemente lendo um livro ou ouvindo um podcast útil. Eu estava em um estado constante de tentar me curar e ser o meu melhor. Mas com o tempo, isso mudou e o meu descanso emocional agora parece ser ler livros de ficção. Para mim, isso é tão bizarro porque eu odiava ficção. Pensava que era algo sem sentido e inútil porque eu queria ler as coisas que me ajudariam a melhorar minha vida. Aprendi que posso confiar em mim mesma. Tenho as ferramentas para me curar e não tenho que ficar obcecada com elas ou constantemente melhorar a mim mesma. O descanso emocional para mim também é algo parecido com ouvir música sem me sentir culpada por não estar sendo "produtiva". Permitir-me andar ou dirigir sem um destino é tão refrescante. Eu nem sempre tenho que ir a algum lugar ou fazer alguma coisa. Posso simplesmente ir. O descanso emocional é acreditar que posso explorar minhas ferramentas e emoções quando necessário, mas também posso ser criativa e viver em um mundo de fantasia dos livros de ficção quando quero e não me sentir mal por isso — isso me cura também.

AE: Como você se cura?

CL: Eu me curo me dando graça e compaixão, aceitando minhas falhas e sabendo que ainda sou um trabalho em andamento. Eu me curo saindo com minhas amigas o máximo possível, me cercando de pessoas que me compreendem e não me julgam. Eu me curo me conectando com as pessoas e compartilhando histórias e sendo vulnerável. Eu me curo por ter um coração aberto, sabendo que tudo é possível agora.

Chriselle Lim *é estilista, blogueira de estilo de vida e beleza e empreendedora digital.*

Caminhe

Caminhar se tornou uma grande parte da minha jornada de cura. Eu amo estar sob o céu aberto e sentir a terra sob os meus pés enquanto reflito sobre uma pergunta em minha mente. Durante esta meditação andando, considere o seguinte: "Que histórias não pertencem a mim as quais estou me agarrando?" Comece sua frase com "As histórias que não me pertencem são…" e liste as coisas que ressoam com você. Pergunte a si mesma onde aprendeu isso e como isso faz com que se sinta hoje. Dê espaço para qualquer coisa que surja.

Dê a si mesma tempo para processar o que surge e seja paciente consigo mesma enquanto se volta para seu interior. Lembre-se, você sabe como encontrar suas respostas. Você tem o que é preciso para identificar as maneiras pelas quais quer mudar, modificar e crescer. Seja paciente e compassiva consigo enquanto se ouve reescrevendo sua história e mudando sua narrativa.

Meditação

NUTRINDO A SUA CRIANÇA INTERIOR

Aprender a dar espaço para a nossa criança interior ou nosso eu mais jovem pode parecer um conceito estranho. Estamos crescidas agora. Por que precisamos voltar e desenterrar nossa dor ou trauma profundos?

Eu me fazia a mesma pergunta e não foi até que comecei a explorar a dor profunda que parecia sair de nenhum lugar da minha vida adulta que percebi quase toda a minha dor estava relacionada a coisas que aconteceram nos meus primeiros anos de formação. Havia coisas que eu nunca tinha compartilhado na terapia e deixei de lado porque pensei que não eram relevantes. Mas é claro que me sentir rejeitada pelo meu pai e odiada pela minha mãe me impactaria de maneiras verdadeiras e dolorosas ao longo da minha vida.

Quando comecei a escrever meu livro *After the Rain* (*Depois da Chuva,* em tradução livre), percebi como meu coração estava partido durante minha infância. Escrever aquele livro parecia uma exumação de sofrimento — mas também foi libertador. Durante esse processo, escrevi cartas para o meu eu mais jovem, esperando que isso acalmasse algumas das feridas que eu tinha reaberto. Carreguei a solidão e a mágoa da minha infância tão perto que foi difícil deixar eu me sentir segura. Também percebi o quanto do meu o trauma foi geracional e inútil para a cura emocional que eu estava tentando fazer. Chegar a esta lembrança aos 30 anos me deixou frustrada. Eu tinha feito todo esse trabalho e a dor pela qual estava passando não refletia os avanços emocionais que tinha feito.

Eu evitava o trabalho com minha criança interior porque estava aterrorizada com o que viria à tona, mas sabia que tinha que chegar ao fundo dessa tristeza recém-surgida. Nutrir a nossa criança interior nos ajuda a identificar o que é nosso, emocionalmente, e o que não é. Muitas vezes somos condicionadas a carregar a dor e projeções dos outros, quase como se essas coisas pertencessem a nós. Muitas vezes ficamos confusas quando se trata da cura porque não temos clareza sobre o que é nosso para cuidar e o que não é. Aparecer para nós mesmas na página do diário nos permite o espaço para ordenar as coisas que pertencem ou não às nossas bagagens emocionais.

Eu facilitei meu caminho para essa prática escrevendo cartas para a menina que habita em mim lhe oferecendo o conforto, o amor e o cuidado que eu desejava ter recebido. Eu disse a ela coisas como "Você está segura agora", "Eu te amo" e "O trauma não foi culpa sua". Dei-me espaço e graça para desmoronar. Nutrir meu eu mais jovem refletido na página me deu as boas-vindas e toda a minha bagunça. Isso exigia que eu oferecesse respeito, compaixão e consolo comigo mesma. Aprendi a confortar a criança em mim porque ela precisava e merecia a minha atenção.

Este trabalho pode parecer difícil ou estranho para você e eu a encorajo a acolher tal desconforto. Eu digo aos meus estudantes que fazem este profundo trabalho introspectivo que a nossa criança interior somos nós. Não há como separar nosso eu atual do nosso eu mais jovem. As experiências que tivemos ao crescer, boas e ruins, podem e vão nos impactar. Ignorar as nossas experiências é negligenciar a nós mesmas. Devemos aprender a viver em conjunto com ambas e oferecer consideração às nossas partes quebradas. É assim que fazemos a paz com nós mesmas e entramos intencionalmente em nossa cura. É assim que aprendemos a encontrar harmonia e aceitação. É onde aprendemos a nos amar e florescer em nossa cura.

Tentar ser perfeita irá distraí-la de cavar fundo e sujar as mãos. Deixe a perfeição na porta. Este é um trabalho confuso. Quando você se reflete na página com falhas e vulnerabilidade a tiracolo, você vai descobrir muito a seu respeito e sobre sua resiliência. Sua dor pode ser um caminho para o crescimento. O trabalho com sua criança interior é o lugar para isso. É onde você pode quebrar e se curar tanto quanto precisar sem julgamento, vergonha ou culpa. Não importa as suas circunstâncias, sua criança interior precisa de sua atenção. Você pode se capacitar nas páginas e encontrar novas maneiras de ser sua maior professora e aliada.

Ao trabalhar com essas práticas, lembre-se de que sua criança interior é parte de sua história. Receba-a e se envolva com ela. Não a silencie. Deixe-a ajudá-la a crescer em seu poder. A voz dela é a sua voz.

Reflexão da Criança Interior

Nossa criança interior é o nosso eu original ou verdadeiro. É também a parte infantil oculta de nossa personalidade, caracterizada pela ludicidade, espontaneidade e criatividade. Quando nossa criança interior sofre um gatilho, isso pode levar à raiva, mágoa e medo de que não possamos entender ou que pareça descomunal em comparação com o gatilho real. Esses comandos do diário a convidam a ter curiosidade sobre como eram seus desejos e necessidades quando criança e como eles se parecem agora.

O que sua criança interior precisa hoje?

O que fez você se sentir segura e amada quando criança?

O que fez você se sentir com medo e silenciada ao crescer?

Você era criativa quando criança? Em caso afirmativo, como?

O que você gostava de criar?

O que você mudaria em sua infância?

O que você manteria o mesmo?

Diário

Afirmação da Criança Interior

Leia esta meditação em voz alta no aplicativo de gravador de voz em seu celular. Crie um ritual ao ouvir a reprodução. Talvez você faça seu chá favorito, cozinhe uma boa refeição para si, ou tome um banho quente para se preparar para algum momento intencional. Permita que essa prática seja o seu momento de amor-próprio, reflexão e paz interior. Defina um lembrete para reproduzir essa afirmação da criança interior quantas vezes precisar.

> *Querida eu mais jovem,*
>
> *Você está segura. Estou criando uma boa vida para você. Mesmo nos dias em que estou perdida, confio que uma nova direção ou o caminho surgirá. Eu te amo profundamente. Sinto muito por sempre fazer você se sentir como se eu não o fizesse. Estava aprendendo antes e estou aprendendo agora. Estou dedicada à minha cura por causa de você. O que você não tinha antes, você tem agora. Obrigada por me lembrar de que eu posso aparecer para mim. Obrigada por não desistir de mim. Você tem me mostrado que eu posso ser quem eu sempre quis ser. Você está segura. Você é amada. Estou aqui.*

Meditação

Respiração Rock-and-Roll

Estarmos mergulhadas profundamente em nossa cura significa sentir tudo o que sobe e desce. Este exercício de respiração é perfeito para fazer você sair da sua cabeça e entrar no seu corpo. É a respiração de aterramento que encoraja você a se conectar mais profundamente para liberar os sentimentos de estagnação.

Sente-se em uma posição confortável, no chão ou em uma almofada com as costas apoiadas.

Coloque as mãos na barriga enquanto inspira.

Enquanto inala, incline-se para a frente e expanda sua barriga.

Ao expirar, esprema a expiração, curvando sua espinha enquanto se inclina para trás, esvaziando a barriga.

Repita este padrão de respiração seis vezes. Faça isso devagar e de forma deliberada. Enquanto respira, imagine-se em um lugar de paz, calma e tranquilidade. Mesmo que as coisas pareçam rochosas em sua vida hoje, você sempre pode voltar à sua respiração.

LIÇÕES E CARTAS PARA O SEU EU MAIS JOVEM

Para estar em seu poder, você tem que praticar falar sobre si própria com positividade e confiança. Mas aprender a usar uma linguagem positiva e auto afirmativa pode ser realmente desafiador para muitas de nós. Eu estava tão acostumada a falar negativamente comigo mesma que praticar fazer o oposto parecia contraintuitivo. Mesmo com os desafios que enfrentei ao longo do caminho, eu sabia que o único caminho para mim mesma foi o que exigiu que eu escolhesse intencionalmente não continuar me menosprezando e me culpando. Achei extremamente desafiador o princípio de falar gentilmente com o meu eu adulto, o eu que repreendi por não saber melhor ou fazer melhor. O que me ajudou a chegar a um lugar de graça e autocompaixão ao longo dos anos foi a prática de escrever cartas para o meu eu mais jovem — sendo a mentora dela, digamos assim.

Esse trabalho com minha criança interior me mudou. Ele não só me mostrou a possibilidade de ter um relacionamento de amor comigo mesma, mas me permitiu me acalmar de novas maneiras. Isso me levou a falar comigo como alguém que eu cuidava e amei. Ser compassiva com tudo o que surgiu nas páginas do diário desde a infância — o bom e o ruim — me encorajou a ser gentil comigo mesma. Desacelerar para cuidar e me ouvir parecia uma nova língua que eu tinha que aprender.

Aprendi nesse caminho de crescimento, perdão, e amor-próprio que quando nos comprometemos com a restauração emocional, nos comprometemos a nos ver sem julgamento. Odiar a nós mesmas não nos ajuda a nos curar; isso atrapalha o nosso crescimento e nos mantém pequenas. Confortar a nossa criança interior, perdoar nossas deficiências, se livrar do hábito da autoculpa e escolher começar de novo pode trazer um novo senso de identidade e beleza na vida.

Somos feitas para este trabalho, esta vida e este amor-próprio. O que nos faltou emocionalmente e tangivelmente crescendo não significa que não merecíamos ou que éramos dignas do sofrimento pelo qual passamos. Não podemos continuar mentindo para nós mesmas e nos escondendo das coisas que quebram os nossos corações. Quando parei de me culpar pelo que fiz ou não, comecei a me tornar mais aberta à possibilidade de verdadeira expansão e autonutrição. Costumo lembrar meu eu mais jovem para ir em seus lugares escuros, trazer tudo para luz e recusar-se a sofrer em silêncio.

Podemos nos recriar ouvindo nosso passado e as necessidades presentes. Esse processo é uma mudança de vida. Ao crescer, eu não tinha pessoas ouvindo — ouvindo com todo o corpo e com um senso de compreensão e cuidado. Então, à medida que me reforço, estou aprendendo a ouvir as minhas necessidades e os meus desejos, tanto os de hoje como os da minha juventude. Podemos compensar o que nos faltou na infância nos mostrando presentes para nós mesmas agora. Podemos mudar a forma como olhamos para o nosso passado e nos maravilharmos com a forma como evoluímos e o que aprendemos ao longo do caminho. Podemos decidir como aprendemos e crescemos agora, como adultas.

A Cura na Terapia
Luvvie Ajayi Jones

Eu sou multitalentosa. Sou uma autora, uma oradora e uma apresentadora de podcast. Mas não importa como, eu sou apaixonada pela criação de um trabalho que ajude as pessoas a sentirem alegria e pensar criticamente, e as compele a tomar medidas que deixem este mundo melhor do que o encontraram.

A cura apareceu na minha vida há mais de cinco anos na terapia e o catalisador para isso foi experimentar uma reação negativa online. Isso me afetou profundamente e eu percebi que não tinha o kit de ferramentas que precisava para lidar com ser uma pessoa visível cujas palavras podem ser transformadas em armas.

Já é difícil o suficiente ser uma mulher negra. Ser uma mulher negra com visibilidade significa que estou constantemente lidando com as projeções de quem as pessoas pensam que sou e estou lidando com isso das maneiras mais severas. Eu já estava lidando com meus próprios problemas e então tive que descobrir como navegar fora das projeções e problemas de outras pessoas. Foi avassalador, então procurei terapia.

Eu sabia que a terapia era necessária quando percebi que precisava ser ainda mais firme sobre o meu valor e mais focada em quem eu sou, não nas ideias de outras pessoas de quem eu poderia ser. Claro, ir para a terapia desdobrou todos os de coisas e se tornou evidente que havia um monte de traumas que eu estava carregando e não lidando ou reconhecendo. A terapia puxou um fio e, de repente, parecia que toda o meu suéter se desfez. Eu pensei que estava lá por uma coisa e rapidamente ficou evidente que eu estava lá para muitas coisas.

Meu trabalho de cura foi multifacetado e a minha primeira terapeuta, Dra. Patterson, foi uma presença de cura e embasamento para mim. Ela morreu de repente em 2021 e isso me abalou! Soube do falecimento dela um dia antes de nos encontrarmos para a nossa próxima sessão e essa perda em si descascou outra camada de cura e tristeza que eu tive que processar. Quem eu sou hoje é um testemunho do nosso trabalho em conjunto e é por isso que ela aparece com tanta frequência em meu segundo livro, *Seja Fale Faça.* A Dra. P foi capaz de me ajudar a desbloquear a vulnerabilidade e ela me ajudou a começar a lidar com o trauma reprimido. Muitas vezes não percebemos o quanto da nossa vida é traumática porque identificá-la como tal é ser vulnerável.

Uma das muitas ferramentas que a Dra. P me deu é aprender ativamente e praticar para não fugir das coisas difíceis, algo que ninguém havia me ensinado anteriormente. Eu não tinha me deparado com essa maneira de pensar. Até trabalhar com ela e começar a lidar com minhas experiências de frente, eu não percebi que tinha passado muito da minha vida fugindo de enfrentar as coisas difíceis. Nós nos ocupamos com a vida, o trabalho, e até mesmo em jogar em nossos telefones. A Dra. P foi a primeira pessoa que me disse para parar de correr tão rápido.

Ao trabalhar com ela, encontrei uma compreensão mais profunda da cura como um espectro. Acho que nunca terminamos a cura. Estamos constantemente desaprendendo os hábitos que absorvemos dos outros. Aprendemos ao longo do caminho a colocar as projeções de outras pessoas sobre nós e, finalmente, descobrimos como nos tornar pessoas mais fortes e mais suaves por causa disso.

A morte da Dra. P me chocou. Quem a ajuda a processar a morte súbita da pessoa que a ajuda a processar a vida? Descobri que ela morreu no meio de um dia de trabalho agitado. Forcei-me a compartimentalizar as notícias até que o meu dia acabasse. Guardei o fato em uma caixinha e coloquei essa caixa longe em um canto minúsculo do meu peito. Meu dia de trabalho não terminou até as 20h daquele dia. Às 20h05, eu estava soluçando.

Como escritora, eu processo tudo através de palavras, então escrevi sobre ela e como ela transformou minha vida. O impacto dela na minha cura foi profundo e fundamental. Enquanto estava escrevendo sobre sua morte, eu me peguei ouvindo sua voz e o que ela me diria, como se estivesse me guiando através de sua própria morte. Isto é o que eu imaginei:

Dra. P: *Então, como você está se sentindo hoje?*

Eu: *Acho que estou bem.*

Dra. P, em silêncio e olhando para mim atentamente.

Eu: *Não estou bem. Sua morte me jogou para um grande loop. Não sei como lidar com isso, então estou apenas trabalhando e escrevendo enquanto passo por isso.*

Dra. P: *O que você está evitando ao trabalhar com isso?*

Eu: *A percepção de que estou sentindo uma perda que parece realmente grande e realmente pessoal e estou me sentindo egoísta sobre isso porque eu não sei se estou de luto por você, ou lamentando o que a sua falta significa para mim.*

Dra. P: *Existe uma diferença?*

Eu: *Não sei.*

Parecia que, mesmo em sua morte, ela estava me ensinando a explorar a mim mesma e ser honesta com meus sentimentos. Isso é um testemunho de seu incrível trabalho e capacidade de ajudar as pessoas a se curarem, a ver e a sentir. Em espírito, ela estava bem ali e eu estava me tratando com ela. Enquanto ela me ensinava, eu ficava com e dentro do que eu tinha aprendido, em vez de fugir disso. Perder minha terapeuta, a pessoa que me ajudava a processar a vida, foi um convite para usar ativamente as ferramentas que ela me deu. Vi naquele momento o quanto eu tinha aprendido e crescido.

Eu tenho uma nova terapeuta agora que me encoraja a escrever as coisas. Ela sabe que eu não processo o que quer que seja que eu tenho passado se não escrever. Existem momentos em que eu fico por meses sem escrever no diário porque não estou pronta para enfrentar coisas difíceis.

Acredito que é importante me dar espaço para descansar emocionalmente e ser uma bagunça às vezes. Isso parece necessário para a minha cura. Tira um pouco da pressão e me lembra que nem sempre preciso acertar. Escolher ter tempo para descansar me lembra que, mesmo quando não estou fazendo o trabalho, ainda sou valiosa e digna. Quando você faz muito trabalho duro ou de cura, você precisa fazer uma pausa em seguida. Assim como os atletas fazem uma pausa — o descanso emocional é como o período fora da temporada. Eu não tenho que trabalhar constantemente para ser melhor a cada segundo. Há dias nos quais preciso ser apenas uma bagunça, e tudo bem.

Eu me curo indo para a terapia.

Eu me curo cercando-me de pessoas que preenchem o meu espírito com alegria.

Eu me curo tentando o máximo possível ser gentil comigo mesma porque posso ser muito autocrítica.

Eu me curo permanecendo em minha integridade.

Luvvie Ajayi Jones *é autora, palestrante e apresentadora de podcast.*

Ouça a Sua Criança Interior

Para entender melhor a história que nos trouxe a este momento, devemos reconhecer os desejos e necessidades de nossa criança interior. Esses desejos e necessidades moldaram a pessoa que somos hoje. Nesta prática, você identificará os desejos e as necessidades de sua criança interior nas páginas do seu diário. Eu a convido a pensar sobre o que você queria e precisava emocionalmente na infância que sentiu que não conseguiu.

Intitule a parte superior de uma página em branco do diário como "Meu Eu Mais Jovem". Desenhe um gráfico T abaixo, em seguida, rotule um lado como "Desejado" e o outro lado "Necessário." Inicie uma lista, alternando entre cada lado, anotando as primeiras palavras (não frases) que lhe vêm à mente. Isso é fundamental para chamar sua atenção para uma coisa a se destrinchar mais tarde.

Agora que tem listas de palavras para o que você "Queria" e "Necessitava", defina um temporizador de dois minutos e se permita escrever livremente em cada uma das colunas. Para escrever livremente, mantenha a sua caneta na página e não pare para pensar demais ou corrigir qualquer coisa.

Diário

FAZENDO AS PAZES COM O SEU PASSADO

Ao olharmos para trás em nossas histórias, haverá lembretes de onde ficamos aquém ou completamente confusas. Cada uma de nós tem algo de que não nos orgulhamos ou preferimos não lembrar. Examinar nosso passado pode parecer assustador porque não há como escapar do fato de que erramos as coisas, ferimos os sentimentos de alguém, ou voltamos atrás em velhos hábitos ruins que sabemos que não nos servem. Algumas de nós pensam que é incrivelmente doloroso olhar para o nosso passado porque podemos ter sido vitimizadas e só queremos que a vergonha e a dor desapareçam.

O desconforto não é algo que qualquer uma *quer* sentir. É um aceno para os desafios que tivemos que suportar e o que significa ter vivido algo, mesmo que esse algo tenha nos mudado ou machucado da pior maneira. É complicado enfrentar o que ainda é terno. Queremos nos curar, mas não sabemos por onde ou como começar. Fazer as pazes com o nosso passado exige que olhemos para tudo o que nos quebrou e nos abalou, mesmo que isso nos faça estremecer.

Somos dignas de conforto e facilidade, mesmo que tenhamos um passado doloroso. Recusar-se a olhar para a história que nos molda nos impede de fazer a cura profunda. Quando começamos a desmantelar o controle que nosso passado tem sobre nossa vida, começamos a fazer as pazes conosco. Nosso passado não é nosso inimigo; é o nosso professor. Esteja aberta à orientação que ele pode oferecer.

Convido você a ter curiosidade sobre os medos e pontos problemáticos do seu passado. Olhe-os nos olhos e veja o que eles estão tentando dizer. Permita-se cumprimentar cada lição com o mínimo de julgamento possível e ser leniente com o processo de organização de tudo. Em sua cura, você merece a mesma flexibilidade e graça que oferece aos outros. Se um ente querido estivesse lutando com uma dor de seu passado, o que você diria? Como os apoiaria? Como amaria e se mostraria presente para eles? Como ouviria e daria espaço? Agora seja isso para si mesma. Você está aqui nesta vida para aprender e expandir.

Quando fazemos as pazes com o passado, abrimos a porta para a segurança emocional e a autoconfiança, nos permitindo aprofundar ainda mais. Com o tempo, você pode até parar de se punir pelo seu passado. Estar com o seu coração terno é estar com o todo o seu eu.

Cultive a Autoconfiança

À medida que recuperamos nosso poder, estamos reconstruindo nossa autoconfiança — o que sabemos ser bom e verdadeiro sobre nós mesmas. A respiração intencional pode nos ajudar a eliminar a vergonha, a culpa e a dúvida e substituí-las por força, paz e amor. Enquanto você reflete sobre sua autoconfiança e abre espaço para a paz, pratique esta técnica de respiração.

Sua inalação deve ser longa e lenta. Ao expirar, finja que está soprando em uma varinha de bolha, longa e lenta. Repita isso quatro vezes com os olhos fechados e seu corpo relaxado. Você pode fazer isso sentada, deitada ou andando.

> *Inspire a autoconfiança (longa e lentamente).*
>
> *Expire vergonha (longa e lentamente).*
>
> *Inspire a paz interior (longa e lentamente).*
>
> *Expire a culpa (longa e lentamente).*
>
> *Inspire o amor-próprio (longa e lentamente).*
>
> *Expire a insegurança (longa e lentamente).*

Trabalho Respiratório

4

Curando o Seu Coração

Ao fazermos esse trabalho profundo de cura, podemos começar a emergir para respirar e ver o mundo à nossa volta mais claramente. Estamos todas lidando com coisas não ditas e invisíveis, algumas mais pesadas para carregar do que outras. Se escrever e curar me ensinou qualquer coisa, é que o ser humano é um trabalho árduo e tudo o que podemos fazer é o nosso melhor. Enfrentaremos experiências que irão permanecer conosco — nos machucar e nos curar. Nossos corações se partirão, a tristeza atacará, mas com as ferramentas certas, podemos encontrar a coragem para enfrentar as tempestades e continuar vivendo com graça e alegria.

A resiliência está em nosso sangue, mesmo quando parece que estamos no ponto mais fraco. Algo que não me esqueço é que eu nem sempre tenho que estar bem. Manter essa ideia em mente me lembra de ver a humanidade e a cura nos outros. Os caminhos que todos percorrem para organizar emoções turbulentas, grandes sentimentos e dor profunda são monumentalmente diferentes.

Anos atrás, eu morava em um prédio de apartamentos com uma mulher que nunca parecia feliz. Ela não era nem um pouco agradável de passagem. Ela era conhecida como *A Mulher Malvada*. A Sra. Paula, que se sentava na recepção, costumava murmurar fofocas sobre ela. Eu sorria e falava com ela todas as vezes. Eu a via. Eu era provavelmente a pessoa mais irritante aos seus olhos, mas não me importava. Ela me olhava com uma expressão em branco e raramente retornava um olá; se ela alguma vez o disse, foi bem baixinho e claramente por obrigação. O rosto dela estava muitas vezes engessado com um olhar irritado. Ela parecia magoada e sobrecarregada. Sua filha, que tinha 7 anos ou 8, sempre exalava a energia oposta e se agarrava a sua mãe. Era quase como se ela tivesse a tarefa de proteger sua mãe de algo ou alguém.

Muitas vezes me perguntei pelo que A Mulher Malvada estava passando, como ela estava se sentindo e o que a estava machucando. Ter essa experiência repetida com minha vizinha me fez perceber que nunca sabemos pelo que as pessoas estão passando. Cada zombaria, cada revirar de olhos e cada sucção de dentes que eu sentia visceralmente. Meu coração se partiu por ela.

"Pare de falar com aquela mulher", dizia meu marido. Eu ria e dizia: "Não, ela vai me responder um dia." Secretamente, eu me relacionei profundamente e simpatizei com ela porque conhecia a sensação de expressar minha dor em meu rosto, de sentir tanta raiva que eu gostaria de incendiar prédios. Eu me senti tão decepcionada com a vida que queria gritar: "Que se ferre você, sua alegria e sua vida perfeita!" a cada transeunte que ousava olhar para mim.

Às vezes, eu a via vindo em direção ao elevador e ela hesitaria em entrar. Imaginei que ela estava pensando, "Aí está aquela mulher tagarela do terceiro andar de novo." Mas eu segurava a porta de qualquer maneira. Ela relutantemente entrava. Eventualmente, parei de dizer olá e apenas sorri para ela.

Imaginei que poderia ser calorosa sem egoisticamente tentar forçá-la a falar comigo.

Um dia, eu sorri para ela, e ela sorriu de volta. Quase caí de surpresa. Foram meses e meses de silêncio e olhares de tristeza. Agora eu me perguntava o que tinha mudado, o que havia amolecido nela. O que tinha acontecido que a fez sorrir de volta para mim? Fiquei tão feliz por essa desconhecida e eu estranhamente senti uma sensação de irmandade. Arriscando a minha sorte um pouco mais, eu disse: "Bom dia, hein?" Estava lindo lá fora. Ainda não muito quente e alegre. Nuvens brancas e fofas flutuando. As flores da primavera começavam a dar as caras. Eu estava com um humor excepcionalmente bom naquele dia e foi bom vê-la de bom humor também. Ela respondeu: "Sim, hoje é um bom dia", acenando com a cabeça em minha direção e fazendo contato visual. "Sim, é", falei, radiante. Entrei no meu apartamento e disse ao meu marido: "A Mulher Malvada falou comigo!" Fiquei em êxtase. "E não acho que ela seja malvada por assim dizer — mas acho que ela está sofrendo."

Fiquei mais curiosa sobre ela depois disso, me perguntando se ela tinha se divorciado ou se era viúva. Ela teve que deixar sua casa em outro estado para vir para cá? O que ela tinha testemunhado que a quebrou? Como ela estava reparando sua vida e começando de novo? Nas palavras do meu marido, eu estava sendo intrometida, mas eu realmente me senti curiosa. Eu queria conhecê-la, mas não me atrevi a perguntar ou cruzar esse limite. Continuei a vê-la e a sorrir. Nunca mais nos falamos depois disso, mas ela era calorosa comigo. Mais aberta. Parecia cada vez menos que eu estava a irritando e mais que tínhamos uma compreensão silenciosa de "Eu vejo você" e "obrigada".

Por fim, nos mudamos do prédio e eu me perguntei muitas vezes ao longo dos anos como ela e sua filha estão indo. Sempre que elas vêm à mente, eu faço uma pequena oração e envio um pequeno sorriso. Dou risada quando penso sobre o aborrecimento dela por mim. Eu me pergunto se ela conta histórias sobre mim, a mulher que sempre quis dizer oi e sorria. Minha esperança é que ela tenha se sentido, mesmo que por um instante, conectada e consciente de que nunca estamos sozinhas nesta vida, mesmo quando nos sentimos derrotadas a cada passo.

Eu compartilho essa história porque compaixão e conexão são fundamentais para todo o trabalho que estamos a fazer aqui. À medida que se compromete com a obra de curar seu coração, você começará a ver além de sua própria experiência e ver que estamos todas suportando a nossa parcela de dor. É interessante testemunhar a cura de um coração — o clareamento de um espírito — até mesmo quando é à distância e mesmo quando não conhecemos a pessoa intimamente. Ao testemunhar a dor e cura dos outros, podemos ver a nossa própria cura em um nível mais profundo e intencional. Sou lembrada da beleza que pode se apresentar quando escolhemos ser um espelho ao caminharmos pelo mundo. Perdemos muita coisa se não estivermos em sintonia ou se não formos intencionais com a forma como nos movemos, vivemos e enxergamos o que nos rodeia. Perdemos oportunidades de nos conectar, amar e sorrir para a estranha no elevador que pode precisar. Perdemos a oportunidade de sermos introspectivas e graciosas com nós mesmas por termos chegado tão longe.

Eu poderia facilmente ter sido desagradável com a minha vizinha. Meu antigo eu, que não estava curada, provavelmente teria retornado à hostilidade. Mas isso não teria feito nada por nenhuma de nós. O que ela precisava era de bondade, calma e alguém para enxergá-la. Eu sei que isso é verdade porque já passei por isso. Eu tinha sido tão endurecida e magoada em um ponto da minha vida que apenas queria que alguém me visse e sorrisse com os olhos e dissesse por meio da linguagem corporal que eu não estava sozinha e a carga iria aliviar.

Sentir-se sozinha é difícil. Estar sozinha é difícil. E pensar "a vida não vai melhorar" é agravada pelos dois.

Curar nossos corações é muito mais do que um ato solitário. É comunitário. À medida que nos curamos, damos aos outros a permissão para fazer o mesmo. Liderar pelo exemplo, especialmente depois que você superou suas tempestades, é um presente para o mundo ao nosso redor. É um aceno para aqueles que nos testemunham que a luz resplandecerá novamente e, se a vida parecer pesada para segurar hoje, não será escuro ou solitário para sempre.

A Cura Lenta
Barb Schmidt

Eu sou uma buscadora da verdade. Ensino as pessoas a se desenvolverem sozinhas, voltando para si mesmas. Como praticante de atenção plena e da meditação, estou aqui para ajudar as pessoas a verem que sua relação consigo mesmas é o que mais importa em suas vidas, que será a base de tudo o que fazem.

Enquanto crescia, minha vida era uma bagunça. Meus pais eram ambos alcoólatras e brigavam constantemente. Tínhamos pouquíssimo dinheiro. Eu era a mais velha de cinco filhos e me sentia como se fosse a menos favorita. Eu senti no início da minha vida que tinha que ser uma adulta logo de cara — então nunca me senti como uma criança.

Cresci me sentindo isolada. Ninguém era autorizado a entrar em nossa casa, exceto a família, e eu não tinha amigos na escola. Quando minha mãe estava bebendo, eu nunca soube o que estaria esperando por mim quando chegasse em casa depois da aula. Na minha mente, todos os outros na escola tinham uma vida perfeita, então eu acreditava que tinha que manter minha família em segredo. Nunca quis que ninguém visse que tipo de vida eu estava vivendo quando jovem.

A única coisa que me ancorava era a minha fé católica. Eu pensava que se fizesse tudo certo, Deus me aprovaria. Mas quando fiz 13 anos, minha vida mudou. Meu tio adulto veio morar conosco e ele abusou sexualmente de mim.

Não tínhamos dinheiro na minha infância, então comíamos muito em restaurantes de fast-food. Lembro-me de que fomos ao McDonald's porque, naquela época, eles lhe davam um hambúrguer grátis ou um cheeseburger para cada nota A que você conseguia no boletim. Eu estava constantemente me esforçando para conseguir todos os As. Em uma visita, uma placa na porta dizia "Temos vagas". Eu me candidatei — tinha 14 anos de idade. Eles me contrataram e isso mudou a minha vida. Acabei trabalhando em cinco empregos de uma vez — como lavadora de cabelo em um salão de cabeleireiro, uma funcionária do McDonald's, entregando jornais, trabalhando em uma loja de vestidos e limpando a casa da minha professora de espanhol. Qualquer coisa para me tirar de casa, ganhar dinheiro e fugir do abuso foi o que eu fiz. Lembro-me de pensar que havia duas partes de mim: uma pessoa que estava prosperando e uma que sofria e estava traumatizada.

A única maneira de continuar era fingir que não estava acontecendo. Se eu parasse ou desacelerasse, os sentimentos se tornavam avassaladores. Concentrei-me completamente no trabalho e tentei bloquear a vergonha e o autodesgosto. Queria estar sempre no trabalho. Se pudesse estar ocupada no trabalho o máximo possível, então tudo ficaria bem. Era como se eu tivesse duas vidas separadas e eu fingia que minha vida doméstica não era real.

Apesar do meu trauma e dor, eu era a melhor funcionária. Todo mundo me amava no McDonald's e eu os amava.

No trabalho, tudo era fantástico. Eu ganhava dinheiro e o repassava aos meus pais para ajudar nas despesas. Imaginei que este seria o meu caminho para o sucesso: ser a melhor em meu trabalho e garantir que as pessoas gostassem de mim.

Minha vida mudou quando eu tinha 16 anos e a loja do McDonald's me promoveu a gerente. Com o meu novo salário, finalmente tive dinheiro suficiente para sair de casa. Eu me formei cedo na escola e me mudei para o meu próprio apartamento. Trabalhei sete dias por semana, tantas horas quanto pude. Por um tempo pensei que estava indo bem por causa do reconhecimento que recebia por ser uma boa funcionária. Eu medi meu sucesso pelo quanto as pessoas ao meu redor gostavam de mim. Nem ao menos passou pela minha cabeça pensar no quanto eu não gostava de mim mesma.

No final da década de 1970, se você ganhasse e economizasse dinheiro suficiente como funcionário do McDonald's, a Corporação McDonald's financiaria a propriedade de três anos de uma loja. Acabei por conseguir ter meu próprio restaurante aos 22 anos de idade. Fui uma das primeiras mulheres a ter essa oportunidade. Foi o meu caminho rápido para as minhas fortes tendências de agradar as pessoas. Tudo o que aconteceu comigo no meu interior, agravado pelo trauma, foi transferido em ser tudo o que eu poderia ser no mundo exterior — porque isso é o que mais importava.

Certo dia, quando eu tinha 22 anos de idade, um supervisor veio me trazer um prêmio. Ele disse: "Barbara, estamos tão felizes com o seu trabalho. Amamos tudo o que você está fazendo. Pessoalmente, posso dizer que você realmente ama o que faz porque você engordou desde que te conheci."

A última frase foi tudo o que ouvi. Não ouvi mais nada. O comentário sobre o meu peso me devastou. Deixei o prêmio na loja. Eu nem sei o que aconteceu com ele. Na minha mente, suas palavras foram: *Você não é boa o suficiente porque você é gorda.*

Desenvolvi o transtorno alimentar chamado bulimia. Eu sofri com a bulimia por cerca de seis anos, até que não pude mais enfrentar isso sozinha. Uma manhã, acordei e não conseguia sair da cama. Lembro-me de dizer a mim mesma: *Eu não vou trabalhar.* Eu nunca tinha perdido um dia de trabalho ou avisado que estava doente. Uma voz na minha cabeça disse: *Barbara, se você não conseguir ajuda, você vai morrer.*

O trauma e a dor que eu tinha encaixotado estavam arrebentando suas amarras. Eu não conseguia mais escondê-los. Sabia que precisava de ajuda. Abri o jornal e ele tinha uma história sobre como Karen Carpenter havia morrido, no ano anterior, de anorexia e no verso desta página havia um anúncio de um centro de tratamento em Naples, Flórida.

Liguei e perguntei se poderia fazer o check-in. Reuni forças e dirigi para Naples e dei entrada em meu tratamento. Imediatamente pensei que tinha cometido um terrível erro. Fui colocada em um quarto individual com apenas uma cama — sem TV, sem telefone, sem distrações. Eles disseram que não seria possível ligar para casa por seis semanas. Fiquei lá, sozinha, por oito semanas. Em minha primeira noite eu chorei. Estava com medo, mas pela primeira vez eu também me senti livre. No centro de tratamento, eu fiquei completamente isolada das notícias e de tudo o que estava acontecendo no mundo. Deixei minha vida para trás. Foi um alívio ter essa trégua de tentar constantemente acompanhar o que todos os outros pensavam que eu deveria ser, parecer e agir como. Esse foi o início da minha cura.

Comecei a descompactar o sofrimento emocional, o abuso, o trauma e a desconexão de mim mesma na terapia. Joyce, minha terapeuta, salvou minha vida. Ela me encorajou a me abrir e falar sobre minhas emoções. No meu tempo com ela, percebi que estava tão entorpecida que não conseguia sentir. Refletir foi complicado e desafiador. Por muito tempo eu não tive emoções para acessar. Conversando com Joyce, comecei a descontrair todos os medos e ansiedades que eu vinha carregando por mais do que metade da minha vida. Antes disso, eu tinha vivido completamente na minha própria cabeça.

Joyce me disse que o que aconteceu com meu tio não foi culpa minha. Ela me perguntou se eu queria confrontar meu tio sobre o que tinha acontecido ou se eu queria contar aos meus pais. Eu disse que não e ela imediatamente honrou minha escolha, e disse: "Eu posso sentir que você está recebendo o que precisa e há maneiras de continuar sem dizer a eles. Posso ver que isso não seria do seu melhor interesse ou deles."

O tratamento incluiu yoga, terapia de grupo, alimentação consciente, meditação e exercícios regulares. Uma parte importante do meu processo de cura foi encontrar uma comunidade de pessoas a qual eu sentia que pertencesse. Depois de oito semanas, deixei o centro de tratamento e continuei a ir às reuniões de AA e grupos de apoio. Encontrei maneiras de incorporar yoga, terapia, meditação e exercício na minha rotina diária.

A última coisa que eu queria fazer era voltar a ser a pessoa que eu era, então fiz tudo isso. Tive um mentor com quem eu falava todos os dias e eu era apaixonada por ficar em recuperação. A cura foi um processo lento que me levou ao trabalho que estou fazendo hoje.

Tenho feito terapia de tempos em tempos por décadas e é sempre incrível quando começo a me tratar com um terapeuta que no final da nossa primeira sessão todos eles voltam ao trauma com meu tio e dizem que tenho mais trabalho para fazer a respeito. Sou muito grata pela persistência dos meus terapeutas e sua genialidade em saber que um trauma como esse leva muitos anos de cura porque há camadas e mais camadas que precisam ser desenterradas para finalmente liberar a verdadeira dor.

Curar nossas feridas profundas é como descascar as camadas de uma cebola. A ferida fica cada vez menor, mas até podermos chegar ao cerne da dor, ainda haverá uma carga emocional em torno do que aconteceu. E a coisa assustadora é que essa carga aparece de maneiras inesperadas, irracionais em nossas vidas diárias (como gritar com minha filha sem motivo, me sentir inferior em um almoço formal no qual sou a oradora convidada, ou sentir solidão no meio do dia mais feliz da minha vida). Toda vez que eu falava sobre o meu tio com um terapeuta, eu tirava os sentimentos e descascava outra camada. Então, eu finalmente cheguei ao núcleo.

Este foi um momento verdadeiramente poderoso. Tudo mudou para mim. Foi como se um terremoto se abrisse no chão e engolisse aquele último pedaço da minha vergonha, culpa e autoaversão. Eu pude me sentir mudada para sempre, de dentro para fora, naquele momento. Lembre-se, eu cresci em uma casa na qual, até onde me lembro, eu estava ou cuidando dos meus irmãos mais novos ou trabalhando; Eu não tive uma "vida de criança" e nunca, nunca me enxerguei como criança. Sempre me senti como uma adulta que poderia se cuidar e sabia melhor do que fazer as escolhas que fez, então pensar e me imaginar como uma menor, uma menina de 14 anos, assim como minha filha, me impressionava, literalmente.

O perdão não é um presente para outra pessoa. Em sua essência, não tem nada a ver com ninguém além de você. O perdão é algo que você faz por si mesma, para que o passado não tenha mais um controle sobre você. Mas você não precisa chegar a um lugar de perdão completo para experimentar os benefícios. Eles acontecem ao longo de cada passo do caminho. Como minha filha, Michelle Maros, diz: "O perdão não significa que estava tudo bem com o que aconteceu. Significa não deixar o que aconteceu tomar mais da sua felicidade."

Uma ferramenta que usei para me curar foi a escrita de mantras. Para cada sessão de escrita de mantras, eu escreveria minha preocupação ou problema na parte superior da página. Neste caso, eu apenas escreveria a palavra "tio". Eu definiria a intenção de perdoar e liberar toda a energia que me mantinha presa ao que tinha acontecido. Eu escrevia meu mantra, "Meu Deus e Meu Tudo", de novo e de novo, concentrando toda a minha atenção nele. Toda vez que a minha mente começava a vagar, eu a traria de volta ao meu mantra e minha intenção de me curar do trauma com meu tio.

Quando comecei essa prática, eu me emocionava e achava que ele não merecia meu perdão. Eu me perguntava se realmente precisava fazer isso. **Mas então comecei a entender que esse processo não era sobre perdoá-lo — era sobre**

perdoar a mim mesma. Às vezes, lembranças e emoções difíceis surgiam. Alguns dias eu conseguia escrever apenas um par de linhas, e em outros eu preenchia quatro ou cinco páginas. Parte da cura para mim foi a consistência de retornar todos os dias à minha intenção de perdoar e progredir. A escrita de mantras me ajudou a ficar sozinha com as emoções e não correr. Pouco a pouco, senti uma liberação.

Hoje, sinto-me livre do que aconteceu comigo. Quando o tópico de abuso sexual vem à tona, eu não sinto mais gatilho. A peça final na minha jornada de cura foi ser capaz de me perdoar. Consegui liberar a ideia de que havia algo de errado comigo.

Eu me curo através da meditação.

Eu me curo através da terapia.

Eu me curo através da escrita.

Eu me curo através do ensino.

Barb Schmidt *é uma autora, professora de meditação e ativista.*

VÁ ONDE SE SENTE BEM

Há alguns anos, comecei a fazer caminhadas todos os dias. Fazer e manter essa promessa para mim mesma foi um testemunho do crescimento que fiz ao longo dos anos. Na época, tudo parecia exigente e pesado em minha vida e eu não conseguia descobrir como me oferecer qualquer tipo de alívio. A vida estava repleta, o trabalho estava cheio e eu lutava para ser e me manter presente. Ler *Do Walk* [*Faça uma Caminhada*, em tradução livre], um livro sobre como começar uma prática de caminhada regular, mudou algo em mim. Dizer que foi transformador seria um eufemismo. Eu não tinha nenhuma ideia de que isso alteraria minha relação com meu corpo, minha mente e minha cura. Iniciar uma prática de caminhada foi a última coisa no meu radar que eu pensaria que poderia monumentalmente mudar a maneira como eu apareço para mim mesma — mas como você pode esperar, estou mudada para sempre e desde então aproveitei minha cura em um nível ainda mais profundo. Em minhas caminhadas, chorei, ri sozinha e descobri a paz. Emocionalmente, as coisas surgiram durante cada passo, o que eu não acho que poderia ter processado sentada parada.

Reconectar-me comigo mesma a cada dia era o presente que eu precisava. Caminhar limpa minha mente e me abre para novos caminhos e estradas de volta para casa, para mim mesma. O silêncio é libertador. A natureza é fascinante e o clima traz à tona emoções diferentes todos os dias. Mesmo nos meus piores dias, eu caminho. A consistência ajuda a redirecionar minha energia e me lembra de acolher a gratidão no meu espaço. Ela também me lembra de continuar. Quando estou no meio da caminhada e quero ir logo para casa, não há um caminho rápido de volta — mesmo se eu decidisse me apressar ou correr, não há uma maneira fácil de voltar para casa. Cada caminhada me lembra de continuar colocando um pé na frente do outro. Eu olho para cura através de uma lente semelhante. Voltar para casa, para mim mesma, é um processo de passo-a-passo. Acelerar não vai me aproximar de quem sou, porque estarei perdendo coisas ao longo do caminho.

Caminhar pelos meus pensamentos se tornou a minha prática confiável. Antes de escrever, eu ando. Quando estou fora, estou abordando os menores detalhes da natureza. Eu olho mais para cima. Presto muita atenção em como estou me sentindo, me movendo, e estou naquele exato momento. Voltar às páginas do diário depois disso, parece cheio de novas percepções e graça para cada lugar onde eu estive, não apenas naquela caminhada da manhã.

Enfrentar meus pontos de dor e sensibilidade enquanto me movo e respiro com intenção me lembra de que há cura nas coisas simples. Nem sempre temos que estar sentadas em uma almofada meditando ou de joelhos orando para encontrar as respostas que procuramos. Haverá momentos em que devemos lenta e compassivamente colocar um pé na frente do outro, sem destino à vista. A autora de *Do Walk* [*Faça uma Caminhada*, em tradução livre], Libby DeLana, que desde então se tornou uma amiga, escreve: "Vá suavemente, diminua a velocidade, olhe para cima e, humildemente, aprenda." Suas palavras muitas vezes me vêm à mente à medida que eu caminho mais para a minha cura e para mais perto de mim mesma. Quando não consigo processar meus pensamentos no papel, eu ando e encorajo minha mente a ir onde se sente bem. Quando acolhemos um senso de facilidade em nossas vidas, isso tira a pressão de tentar resolver nossos problemas imediatamente. Caminhar convida todo o meu eu a estar inteiramente presente — tendendo aos meus sentimentos, pensamentos e emoções com mais suavidade e consideração. Também me lembra que estou segura comigo mesma e posso confiar no caminho em que estou.

Curar nossos corações tira muito de nós. Emocionalmente, podemos nos sentir uma bagunça antes de encontrarmos o nosso ponto de apoio. Minha cutucada para você, enquanto se move através de sua cura, é para criar uma prática em sua vida que lhe traga paz. Deixe-a estender um senso de conexão com sua história — passado, presente e futuro. Você nem sempre precisa estar em um lugar de processamento profundo. Acolha os momentos lentos e repousantes de cura que não exigem trabalho pesado. Talvez você queira começar uma prática de caminhada intencional também, ou talvez sua paz venha da pintura, culinária, jardinagem ou jiu-jitsu. Não importa o seu caminho, ofereça a si mesma o espaço e o tempo para aparecer plenamente sem sua lista de tarefas. Crie um espaço para si que tenha tudo a ver com se sentir bem.

Não podemos fugir das coisas que nos assustam para sempre. Apressar o nosso processo porque queremos que ele acabe logo não nos serve. Podemos tentar contornar o trabalho difícil, mas que bem isso fará, realmente? Não podemos suprimir nossa dor e esperar não desmoronar um dia. Em vez disso, encontrar o que parece bom e seguro nessa jornada de cura é fundamental para progredir. Se você não consegue escrever porque parece que sua voz está presa na sua garganta, faça outra coisa que lhe ofereça uma sensação de pertencimento, refúgio e conforto. Torne sua prática de cura algo só seu. Você nem sempre precisa desembalar as profundezas de sua alma na página. Às vezes você só precisa de um lugar suave para pousar que restaure a sua mente e corpo e a tranquilize de que você pode passar por isso.

Podemos nos sentir presas em nossos esforços para nos curarmos e enfrentar as coisas difíceis que surgem. Esta próxima prática lhe oferece uma maneira de se desprender quando o caminho parece precário.

Notas para Si Mesma

Curar nossos corações exige que sejamos mais gentis conosco. A cada semana, durante o mês seguinte, eu a convido a escrever um tipo de nota para si própria. Escolha um dia por semana — eu gosto de escrever as minhas cartas aos domingos — e defina algum horário intencional para se encontrar consigo mesma exatamente onde você está.

Talvez você tenha passado por uma semana desafiadora e queira usar a adversidade que enfrentou como uma oportunidade para refletir sobre como pode se sustentar nos próximos dias. Ou talvez tenha tido uma semana fantástica e se permitiu sentir e celebrar tudo o que surgiu. Use estas letras como uma oportunidade de se guiar para mais perto de si mesma.

A seguir estão alguns comandos de escrita livre. Não edite a si mesma. Basta fluir.

Querida Eu, obrigada por ser...

Querida Eu, estou orgulhosa de você por...

Querida Eu, eu sei que as coisas parecem...

Querida Eu, você é merecedora de...

Diário

As Camadas para A Cura

Tabitha Brown

Alex Elle: Quem é você e o que você faz?

Tabitha Brown: Eu sou Tabitha Brown. Sou uma esposa, mulher, mãe e crente. Eu espalho amor sendo eu mesma e sendo livre. Algumas pessoas diriam que sou uma artista. Eu também sou atriz e boa de garfo.

AE: Como a cura apareceu em sua vida? E havia algo em particular que a moldou para se curar mais?

TB: Eu acho que a cura é uma jornada. Não é um destino permanente. É contínua. A cura começou para mim em 2016, quando fiquei doente. Eu não estava bem por dentro. Algo estava atacando meu corpo; era uma condição autoimune. Os médicos não conseguiam diagnosticar ou descobrir o que estava acontecendo comigo. Durante esse tempo, parecia que minha mente também estava sob ataque. A depressão e a ansiedade foram muito ruins para mim. Em 2017, depois de ter o que eu chamo de meu apelo final com Jesus no meu banheiro, eu disse: "Deus, se você me curar, você pode me ter. Eu não vou mais tentar viver a minha vida do meu jeito. Eu a viverei do jeito que você me criou para ser."

Eu realmente quis dizer isso naquele dia. E todos os dias desde então, têm sido como descascar camadas. Eu sinto que parte da minha doença no meu corpo aconteceu porque eu não estava sendo o meu eu autêntico, então não conseguia respirar. A verdadeira eu não podia respirar. Ela estava sufocando.

No momento em que comecei a tirar essas camadas e a fazer a escolha de me curar e ser livre, toda a minha vida começou a mudar. Tenho feito isso desde então. A melhor coisa que já me dei foi a liberdade de ser. Isso, por si só, é cura. Eu nunca vou parar de me curar. Eu estarei me curando até o dia em que eu partir. É minha obrigação permanecer em um espaço de cura.

AE: Você mencionou descascar camadas. Em que camadas você está agora?

TB: Estou na camada da compreensão. Quando você está passando por essas coisas, você não entende o porquê, mas uma vez que passa por isso e alcança um novo lugar em sua vida, você encontra a paz e tem discernimento quando olha para trás. Muitas vezes, percebemos que certas coisas tinham que acontecer para nos ensinar algo. Estou nesse nível de compreensão porque as pessoas olham para a minha vida e dizem: "Você está vivendo seus sonhos e todas essas coisas incríveis estão acontecendo."

Coisas incríveis estão acontecendo e eu sou muito grata. Mas posso ver claramente agora por que Deus me fez passar por essas diferentes fases da vida. Nem sempre entendi o caminho em que eu estava. Agora sei que o que passei me levou a esta parte do entendimento. Eu fico animada com minhas camadas da vida agora porque novas lições emergem à medida que eu as puxo de volta.

AE: Que evento durante a pandemia a levou a mergulhar mais fundo em sua cura?

TB: Durante a pandemia foi quando entrei no TikTok pela primeira vez. Eu não queria entrar porque é uma plataforma para pessoas jovens, mas minha filha me convenceu. Acabei ficando no aplicativo e comecei a fazer meus vídeos de culinária. Um dia eu fiz um vídeo inspirador que ressoou com as pessoas. Olhei para os comentários e a efusão de amor foi incrível. As pessoas estavam dizendo coisas como "Essa mensagem foi para mim" e "Sua voz soa como um abraço caloroso". Todos esses comentários me fizeram perceber que, quando encorajamos os outros, também encorajamos a nós mesmas. Fazer vídeos inspiradores me ajudou a me ajudar.

Assumi a responsabilidade de fazer esses vídeos que senti que eram necessários para o mundo. Em uma época em que tudo parecia muito assustador, eu escolhi aparecer para os outros enquanto aparecia para mim, e eu fazia isso todos os dias. Eu fazia vídeos, independente de eu estar cozinhando ou inspirando, fazendo as pessoas rirem ou chorarem. Fazer vídeos foi tão gratificante porque me ensinou paciência. Ensinou-me a como ficar quieta. Ensinou-me a ouvir ainda mais. E ensinou-me a curar os outros através de mim mesma.

Há beleza e poder em fazer as pessoas se sentirem melhor. Eu não estava fazendo o trabalho do qual me orgulhava em determinado ponto da minha carreira. Eu trabalhava porque precisava de dinheiro. Mas fazer esses vídeos me deixou orgulhosa e eles curaram a parte de mim da qual eu costumava ter um pouco de vergonha, por conta do trabalho que fiz no passado que não significava nada. Eu tinha que chegar a um lugar de compreensão, que é a camada em que estou agora. Se nunca tivesse feito coisas das quais eu não necessariamente me orgulhava, eu não entenderia o sentimento de plenitude que sinto agora por fazer algo bom que é a cura. Foi o que eu descobri, e isso me fez melhorar como mulher, como esposa, como mãe. Eu me sinto mais enraizada no meu propósito agora.

AE: Que modalidades criativas você usa para se curar?

TB: Eu falo com minha mãe como se ela estivesse aqui. Antes do seu falecimento, ela me disse que estaria onde quer que eu a chamasse. Ela disse: "Sempre que você precisar extravasar algo, falar comigo ou me sentir, você pode simplesmente começar a falar e saber que eu estou ali com você". Então, quando as coisas estão indo bem, falo com minha mãe. E quando elas não estão indo tão bem, eu ainda falo com ela, não importa onde eu esteja. Eu encontro conforto naquela conversa que tivemos e lembro que ela está sempre lá, onde quer que eu a chame. Isso me ajuda a me curar nos momentos em que preciso. Conversar com minha mãe e invocar o seu espírito é uma ferramenta contínua que utilizo para navegar pela cura e pelo luto. É minha maneira de celebrar a existência dela e reconhecer que ela ainda está comigo.

AE: Seu relacionamento com Deus e a fé mudou desde o falecimento de sua mãe e, em caso afirmativo, de que maneira?

TB: Minha fé ficou mais forte quando minha mãe morreu. Ela tinha ELA [esclerose lateral amiotrófica, também conhecida como Doença de Lou Gehrig] e sabíamos que ela ia morrer. No final de sua vida, ela estava, essencialmente, presa dentro de seu corpo. Não podia mover nada além de seus lábios e olhos. Ela faleceu em um domingo. Na sexta-feira anterior, passei a noite no hospital. Quando acordei naquela sexta-feira de manhã, ela fez um gesto com os lábios para me dizer que estava indo para casa no domingo. Achei que o médico tivesse entrado e dito a ela que ela estava recebendo alta enquanto eu estava dormindo. Perguntei a ela "O médico disse que você está indo para casa no Domingo?" Eu estava lendo seus lábios cuidadosamente, e ela disse que não. Ela olhou para o céu, como se dissesse: "Vou para casa, para o céu, no Domingo."

Minha mãe estava em suporte de vida e eu tinha a procuração, então perguntei a ela: "Mamãe, você tem certeza de que quer desliguem a máquina?" E ela disse: "Sim, Deus disse que está na hora."

Minha mãe me instruiu a ligar para toda a sua família e amigos para vê-la antes de ir para casa. Quando o médico veio, dei-lhe a notícia. Ele me disse que ninguém deveria estar na sala porque seus últimos momentos de vida seriam perturbadores e ela começaria a ter convulsões. Minha mãe disse não a isso. Ela queria todo mundo no quarto com ela. Ela refutou o que o médico disse que aconteceria.

Quando o domingo chegou, as máquinas e as luzes estavam desligadas. Trinta de nós nos reunimos na sala cantando canções e celebrando sua vida. Foi tão pacífico o tempo todo, tanto que nem sabíamos que ela tinha falecido. Ela nunca ofegou por um último suspiro. Ela nunca tremeu. Ela não fez nada. Ela apenas sorriu. Os médicos ficaram estupefatos. Essa experiência me tornou uma crente mais forte na minha fé e em Deus. Estou tão ligada ao outro lado.

AE: Como o descanso emocional realimenta sua cura?

TB: Quando você conhece a si mesma, sabe o que quer e com o que pode ou não lidar, você pode levar um minuto para fazer uma pausa e refletir. Estou muito conectada comigo mesma e me coloco em primeiro lugar o tempo todo. Sei quando as coisas não estão boas para mim e quando elas estão atrapalhando meu espírito, e então eu me dou o espaço para descansar e me curar. Quando as coisas demoram ou me incomodam, eu não as ignoro ou ajo como se elas não existissem. Eu falo sobre elas e as abordo, dessa forma, eu não as deixo viver dentro de mim — porque não é tudo meu para carregar. Descanso emocional é aprender a olhar o que é seu e o que não é. Quando nos apegamos às coisas que não nos pertencem, elas podem atrapalhar nosso descanso, física e emocionalmente. Estar completamente conectada e aberta comigo mesma sobre quem eu sou me traz a paz interior, descanso emocional e clareza que preciso na vida.

AE: Como você se cura?

TB: Eu me curo permanecendo fiel a mim mesma.

Tabitha Brown *é uma atriz, autora, escritora e personalidade de mídia social.*

CRESCENDO EM GRATIDÃO

No final de 2020, tive uma crise de ansiedade — que me levou à insônia, a arrancar meus cabelos e ao caos interior total. Eu me sentia completamente perdida, sem ter para onde ir. Eu não me sentia tão deprimida, esgotada e emocionalmente sobrecarregada há anos. Mesmo quando sentimos que as coisas não podem piorar, elas podem. A única coisa que eu conseguia me lembrar de fazer era encontrar gratidão por sobreviver mais um dia — e mesmo isso parecia difícil. Eu sei que isso pode parecer clichê, mas quando você sente que não tem mais nada, você ainda tem sua respiração. Agarrar-me a essa perspectiva me deu um pequeno vislumbre de esperança.

A cura durante este tempo assumiu uma forma totalmente nova. Eu estive no fundo do poço antes — só que desta vez eu estava casada, com três filhos, uma carreira próspera e muito mais sob minha responsabilidade para lidar e cuidar. Tentar me curar parecia absurdo. Havia muitas outras coisas para fazer primeiro. Então decidi começar pequeno. Começar uma lista de gratidão diária foi o meu primeiro passo de bebê para remover minha dor. Conversar com meu médico sobre as opções de medicação foi o segundo. Eu não podia continuar acalmando minha dor com a esperança de "Vou ficar bem amanhã". Passaram-se meses e o amanhã nunca chegou. Algo tinha que mudar.

No começo, eu estava irritada comigo mesma por ter que começar de novo. Eu continuei ouvindo a voz da minha crítica interior em minha cabeça:

Se ao menos tivesse cuidado de si mesma desde o início, você não estaria aqui.

Você gosta de se esforçar além de seus limites, não é?

Por que você não pode aprender com seus erros passados? Qual é o seu problema?

Acalmar esse diálogo interno negativo exigiu muita paciência. Havia dias em que eu queria desistir, ficar na cama e desaparecer no ar. Se levantar era uma luta. Estar presente era quase impossível. Ter uma mente de iniciante não parecia uma bênção — na verdade, parecia o completo oposto. Mas se a cura me ensinou alguma coisa, é que eu devo ficar aberta ao aprendizado.

Praticar a gratidão mudou minha vida para melhor. Com a ajuda da minha medicação e do meu diário, comecei a ver a luz nas pequenas coisas, como ter energia suficiente para sair da cama ou para comer uma refeição nutritiva. Alguns dias, esses foram marcos para mim. Minha depressão e ansiedade tinham me deixado tão para baixo que eu estava flutuando pelos meus dias. Estava tão longe da minha vida que não conseguia me lembrar de acordar ou ir dormir.

Durante esse tempo, encontrei um livro chamado *Acorde Grato* por Kristi Nelson. Ele me ajudaria ainda mais a me desdobrar em uma versão mais curada e presente de mim mesma. Há uma linha naquele livro que nunca esquecerei: "O apreço é grande, mas a gratidão é maior... A gratidão é uma *forma de ser* que nos ajuda a concentrar nossa atenção e navegar em nossas vidas com o apreço como nossa bússola." Reformulando o que eu pensei que significava ser grata e expressar apreço reorganizou completamente os meus pensamentos. Eu estava fazendo tudo errado. Eu não estava focada. Eu não estava presente. E por conta disso, não era capaz de ver o meu caminho ou confiar nos desvios. Quando expressamos gratidão pelo que temos, mesmo em nossas ondas de ansiedade e tristeza, aprendemos a lidar um pouco melhor. Aprendemos a aguentar um pouco mais.

Essa passagem abriu-me os olhos para a possibilidade de estar presente enquanto também sinto dor. Isso me lembrou da dualidade que a vida nos oferece diariamente. Quando se trata de cura, não há preto ou branco. Muitas das nossas necessidades de cura ocorrem no meio. Eu digo aos meus alunos e clientes para ficarem confortáveis em estar no meio da cura — há algo para aprender lá também. Nem sempre temos que estar nos desfazendo para experimentar a nossa cura. Nem sempre precisamos superar esse grande obstáculo para experimentar a totalidade. Haverá momentos em que devemos nos contentar em estar no meio e estar bem com não ter mais nada para fazer além de estar lá, ficar quieta e ser grata.

Sentir-se engolida pela escuridão era um convite claro para olhar ativamente e estar presente comigo mesma. Tantas coisas precisavam da minha atenção, como a minha constante desonra dos meus limites pessoais. Havia dias em que eu escrevia, *Sou grata por não me abandonar hoje*, ou *Sou grata por honrar meus limites*. Foram essas curtas passagens que me fisgaram e me pediram para olhar mais de perto ao que me levou de volta aos meus pensamentos obscuros. Minha prática de gratidão não era uma coisa fofa ou forçada — era a minha tábua de salvação e o encorajamento que eu precisava para olhar minha turbulência interior na cara e dizer: *Eu vejo você.*

Alice Walker disse uma vez: "Obrigada' é a melhor oração que qualquer um poderia dizer... [Isso] expressa extrema gratidão, humildade, compreensão." Eu queria encarnar isso dentro de mim. Muitas vezes expressamos agradecimentos aos outros, mas raramente mantemos uma atitude de apreço em relação a nós. Eu estava fazendo tanto sem prestar uma partícula de atenção a mim mesma, quanto mais oferecer o presente de gratidão a mim mesma. É quase como se eu me ignorasse para me manter conectada e comprometida com todos os outros. Não havia equilíbrio entre priorizar a mim mesma e estar presente para aqueles ao meu redor. Eu era a prova viva de se dedicar totalmente a uma coisa enquanto se sacrificar não é bom para ninguém no final do dia. A prática da gratidão me mostrou como ampliar minha vida e prestar muita atenção aos pequenos momentos de alegria, não apenas os grandes. Se não prestarmos mais atenção, sentiremos falta do que está bem à nossa frente.

A gratidão é agora o centro da minha prática de autocuidado. Ela me responsabiliza e me mantém presente. Ela me acolhe a ficar curiosa e me lembra de não dar a minha vida como garantida. Ao avançar por essa estação sombria da vida, me lembrei de que, quando estou de luto ou com dor, eu ainda sou digna e grata. Pode soar contraintuitivo sermos gratas por nossas lutas, mas sem elas não conheceríamos a resiliência. Conhecer a alegria é conhecer a dor e, como ensina o budismo, viver é sofrer. A gratidão é o empurrão para lembrar a nossa vivacidade para que possamos conhecer a alegria e também reconhecê-la quando ela aparecer. Quando não estamos em sintonia com nós mesmas, não estamos vivas o suficiente para sentir, ver e ouvir tudo — o bom e o doloroso.

Gratidão não é fazer um inventário das coisas boas. Trata-se de abrir espaço em seu coração, mente e corpo para experimentar o mundano. Viver plena e intencionalmente é um convite a priorizar sua própria vida, para garantir que você está se dando o tempo e o espaço para se tornar quem você quer ser. Deixamos as coisas passar quando nossas cabeças estão abaixadas. Não podemos ver esperança se nos recusarmos a nos desprender do que achamos que sabemos sobre a dor a qual estamos nos agarrando. Sim, sinta todos os seus sentimentos e se deixe descansar de tentar descobrir a como não sofrer. Os pontos baixos que você enfrenta não serão os últimos. A gratificação de passar por isso irá cumprimentá-la uma e outra vez. Não desacredite do quão longe você chegou quando estiver no meio de tudo.

Trinta Dias de Gratidão

Comece uma lista de gratidão em seu diário ou em seu telefone e todas as manhãs e noites, anote uma coisa pela qual você é grata. Convide um amigo para fazer isso com você nos próximos trinta dias. Envie uma mensagem de texto ou faça um telefonema curto sobre pelo que você se sentiu grata por cada dia. Tome nota de como se sente no início do primeiro dia e no final dos trinta dias. Tenha uma conversa sobre o quão difícil ou fácil foi para você manter a prática. Observe quais palavras ou coisas surgiram múltiplas vezes. Fale sobre o porquê. Este exercício convida você e aqueles que você gosta a prestar muita atenção não só no seu humor, mas também na sua vida. Curar nossos corações é um trabalho lento e estável; celebre as maneiras pelas quais você evoluiu ao se comprometer com essa prática.

Conversa

Gratidão pelo que é Difícil

Nesta prática, praticaremos a gratidão pelas coisas difíceis, as quais nos oferecem oportunidades de mergulhar mais fundo em nossa cura. Encontre um lugar confortável para se sentar ou se deitar. Traga à mente uma instância que a desafiou. Talvez você tenha tido uma conversa difícil com um ente querido, ou precisou se defender no trabalho. Ou talvez, assim como eu, você passou por um momento difícil com sua saúde mental. Permita-se pensar intencionalmente a respeito e cumprimentar o que vier a mente com um sentimento de gratidão. Se for difícil fazer isso, feche os olhos e respire fundo. Só isso já é um caminho para expressar gratidão a si mesma.

(Inale.)

Sou grata por ser capaz de manter o espaço e respirar através dessa coisa difícil.

(Expire.)

Meditação

A Cura em Viagens
Sara Kuburic

Alex Elle: Quem é você e o que você faz?

Sara Kuburic: Eu não sei por que essa é uma pergunta complicada. Tentar resumir quem eu sou é difícil. Quando reflito sobre isso, o que mais se parece com quem eu sou é que eu vivo como uma nômade. Sou apaixonada por defender a saúde mental e amo apoiar outras mulheres a alcançarem os seus objetivos. Profissionalmente, sou terapeuta existencial, consultora e escritora.

AE: Como a cura apareceu em sua vida? E havia algo em particular que a moldou?

SK: A cura aconteceu acidentalmente, no primeiro momento. Eu não percebi o quão ferida estava até que comecei a me curar. Minha cura começou a surgir enquanto eu viajava. Há tantos clichês sobre nômades e eu reconheço o incrível privilégio de viver assim. Quando comecei a viajar, eu tinha US$ 800 dólares e nenhuma ideia de para onde estava indo ou o que estava fazendo. Tudo o que eu sabia era que a versão de mim mesma que estava vivenciando não era eu e que a dor que sentia eu não poderia enfrentar ou lidar se ficasse na mesma circunstância. Assim, aos 20 anos, decidi viajar. A parte mais surpreendente disso é o quanto isso me curou. Olhando para trás, acho que começou como escapismo e depois se tornou uma coisa muito intencional que alimentou a versão de mim mesma que sou hoje.

AE: O que viver como nômade te ensinou sobre a mudança e sua capacidade de se curar em diferentes lugares?

SK: Foi difícil para mim no começo. Eu não gostei porque foi tanta mudança e eu me senti desancorada. O que acabou acontecendo foi que essa vida me obrigou a me ancorar dentro de mim porque era a única coisa consistente que eu tinha. Isso foi poderoso porque eu não podia usar minha rotina, contexto ou sistema de suporte. Inicialmente, eu não tinha um sistema de suporte diretamente comigo quando estava viajando. Então, isso me forçou a me concentrar no meu relacionamento comigo mesma de uma maneira que, na época, era bastante desconfortável. Também provocou algo em mim de maneiras únicas. Eu sou da região dos Bálcãs, então ser uma mulher branca e vivenciar culturas diferentes abriu meus olhos. Por exemplo, a minha experiência é muito diferente quando estou na França, comparado com a Jordânia. Isso foi importante de ver porque me levou a parar, olhar para mim mesma e estar ciente do meu privilégio. Diferentes culturas também vêm com diferentes visões do mundo, das religiões às diversas perspectivas sobre saúde mental e cura. E vivenciar tudo isso me encorajou a não ser tão mente fechada. Quando estava no início dos meus 20 anos, eu costumava pensar que sabia tudo. Como a maioria das pessoas que envelhecem, você assume que sabe as coisas mais do que realmente sabe. Viajar era uma linda e necessária maneira de perceber o quão pouco eu sabia. Havia um enorme elemento de desconstrução que me ajudou a me curar. Eu precisava me desconstruir para ter espaço suficiente para construir quem eu queria me tornar.

AE: Que modalidades criativas você usou para se curar?

SK: Agora, na maior parte, escrever. Mas quando eu era mais jovem, costumava dançar e escrever poesia. Dançar me ajudou a me sentir incorporada, fundamentada e expressiva. Eu venho de uma cultura onde expressar dor não era algo aceitável. Eu estava cercada por pessoas que forçavam a gratidão. A dança me permitiu sentir as coisas e expressá-las de uma maneira que eu não podia fazer verbalmente. Comecei a escrever poesia quando tinha 10 anos. Isso me deu um lugar para processar o que estava acontecendo. Eu sempre quis que as palavras fossem bonitas, mesmo se o significado fosse doloroso. Sempre encontrei beleza na dor também. Acredito que um pouco disso decorre de sobreviver a guerras e ser uma imigrante e, simplesmente, estar cercada por muita dor quando criança, mas ainda encontrando beleza ao meu redor. À medida que cresci, encontrei uma conexão mais profunda com a minha voz na escrita.

AE: Como você se cura?

SK: Eu me curo pelo sentimento. Eu me curo escrevendo. Eu me curo vivenciando. Eu me curo me conectando.

Sara Kuburic *é uma terapeuta especializada em identidade, relacionamentos e trauma moral.*

REDESCOBRIR E ESTAR NA ALEGRIA

Algo que você pode descobrir durante a sua prática de cura é que alguns de seus entes queridos não serão capazes de entender o seu processo. Se a cura me ensinou alguma coisa, é que nem todo mundo pode andar conosco enquanto avançamos no nosso processo de autodescoberta. Uma grande parte das suposições das pessoas é que só porque você está se curando, você deve estar triste, magoada ou sofrendo com isso. Esse não é sempre o caso. E certamente não soa verdadeiro para sempre.

A cura não é linear. É fluida, agitada, confusa e complicada. É libertadora, expansiva, transformadora e intuitiva. À medida que você avança na cura do seu coração, você pode e vai experimentar a alegria. Pode haver alguns dias nublados. Curar nossos corações faz com que sejamos mais abertas para que possamos nos deliciar com tudo o que está reservado para nós.

Vivenciar o prazer enquanto se cura é possível. Eu nunca pensei que minha vizinha sorriria ou falaria comigo, mas ela o fez. Havia momentos em que eu chorava por dias por me sentir quebrada. Aqueles dias eventualmente passaram, mesmo quando pareciam que não passariam. Tudo tem a sua estação e sua lição.

Vivenciar nossas feridas — totalmente de luto sem pressa e julgamento, e desvendar o nosso trauma — é tão importante quanto curá-las. Sentir que não conhecemos a alegria é tão importante quanto aprender a ver e aceitá-la quando ela aparece. É assim que ficamos curiosas e abertas durante a cura. Não temos que nos afogar na miséria porque estamos curando nossos corações.

O alívio e a oportunidade podem ser encontrados nas profundezas da restauração da nossa alma. Dar a nós mesmas a permissão para colocar para baixo o peso e abraçar a leveza é o nosso direito de nascença. A vida e as coisas pelas quais passamos nem sempre precisam ser uma luta. Há muita ênfase no trabalho interior que fazemos — cure, conserte e se avance com ele. Mas algo que não é encorajado, falado ou celebrado o suficiente é se afastar da cura simplesmente para se permitir ser quem você é.

Convido-a a fazer uma pausa quantas vezes precisar durante o curso deste trabalho, especialmente se estiver se sentindo sobrecarregada ou presa. Eu até a encorajo a fazer uma pausa de tudo. O descanso emocional é uma lufada de ar fresco e você merece não estar constantemente no modo "reparador". O objetivo não é pensar demais ou forçar a cura a acontecer ou a alegria a emergir. Isso naturalmente seguirá o seu curso. Em vez disso, crie espaço nas páginas do diário para ver onde ela está aparecendo na sua vida ou onde você quer que ela surja. O passo seguinte é estar aberta a acolher a glória que chega até você sem questionar seu merecimento.

Quando penso em curar meu coração, penso na liberdade de viver e amar sem restrições. Eu sei em primeira mão como é aterrorizante não endurecer seu coração depois de caminhar pela da escuridão e pela dor. No entanto, isso é um desafio para enfrentar seus medos de dar e receber amor. Acolher e vivenciar a alegria é algo que deve ser praticado. Talvez sempre pareça fácil reconhecer ou aceitar, mas mantenha a porta aberta para a sua chegada. Permita-se.

Aqui estão algumas frases para manter em mente enquanto cura o seu coração e abre espaço para a alegria:

Eu me dou permissão para falar.

Eu me dou permissão para não saber o que vem a seguir.

Eu me dou permissão para mudar de ideia.

Eu me dou permissão para curar sem julgamento.

Eu me dou permissão para liberar a insegurança.

Eu me dou permissão para tentar coisas novas.

Eu me dou permissão para ficar sozinha e ficar bem.

Eu me dou permissão para ter limites.

Eu me dou permissão para não ter tudo planejado.

Eu me dou permissão para falhar e me levantar.

Eu me dou permissão para ser um receptáculo para a alegria.

ESCREVENDO CARTAS PARA A ALEGRIA

Quando estamos nas trincheiras da nossa dor, pode ser inimaginável pensar que chegaremos ao outro lado. Peneirar o trauma de infância que ressurgiu foi um dos meus maiores desafios. Lembro-me de dizer a minha terapeuta: "Eu trabalhei tão duro para me curar e agora estou quebrada outra vez." Eu desesperadamente queria minha alegria de volta. Foi exaustivo revisitar as coisas que eu não podia mudar, mesmo sabendo que era necessário. Ela me encorajou a fazer algum trabalho com minha criança interior no meu diário.

"Como você teria protegido sua eu mais jovem?" Ela perguntou.

Eu tinha acabado de parar de chorar e meu rosto inchado e olhos vermelhos olharam para mim através da tela de telessaúde. Lamentar por me inscrever para a terapia começou a inundar a minha mente. "Eu não sei", respondi com o coração pesado.

"Você chegou tão longe, Alex", disse ela com compaixão em sua voz. "Eu sei que isso é um trabalho árduo — e eu também sei que você sabe a resposta para essa pergunta, mesmo que ela pareça estar longe."

Ela estava certa. Eu tinha as respostas e, mesmo que parecesse difícil descascar as camadas e olhar para tudo que havia por baixo, eu tinha que dar uma chance. Começar com a alegria pareceu mais fácil para mim. Por tanto tempo eu pensei que a alegria não pertencia a mim ou estava fora do meu alcance. Escolher centrar a alegria enquanto eu estava avançando na minha cura me deu alguma esperança de que as coisas poderiam melhorar. O que percebi na terapia foi que eu não estava procurando que minha dor ou trauma fossem resolvidos. Eu sabia que isso não era construtivo. O que eu queria do trabalho que estava fazendo era descobrir as possibilidades que lidar com a minha cura de frente poderiam oferecer. Eu sabia que a alegria poderia me encontrar, porque eu tinha visto e sentido vislumbres disso antes. Aprender a equilibrar a cura com a expectativa de alegria surgindo depois de pensarmos que ela havia escapado de nós é um presente que somente nós podemos nos proporcionar. Em vez de esperar que ela me encontrasse, decidi ser proativa e convidar a alegria de volta à minha vida.

Minha primeira carta à alegria começou assim:

Prezada Alegria,

Estou ansiosa para vê-la novamente. Às vezes parece como se você estivesse me evitando, mas no final você sempre volta. Obrigada por me dar o espaço que preciso para me curar e processar a vida sem você. Se eu não conhecesse a dor, eu não te conheceria. Embora eu não possa dizer que gostei de caminhar pelas dificuldades da minha vida sem você por perto ou me acompanhando, estou aprendendo a como me amar quando você está longe e não apenas quando você está aqui.

Ler esta nota em voz alta levou algum tempo, mas eu me gravei enquanto a lia e a reproduzi de volta várias vezes. Isso serviu como um lembrete para criar um espaço seguro para mim internamente. Encorajo você a escrever a sua própria carta à alegria seguindo meu exemplo acima. Esta é uma prática útil porque permite que você crie espaço e lugar em sua vida para algo diferente de suas lutas. Você não é a sua dor. Permita-se acolher, reconhecer e sentir a alegria.

Recebendo A Alegria

Para esta prática de meditação, eu a convido a ficar confortável e se concentrar na sua respiração. Leia o seguinte roteiro silenciosamente ou em voz alta, ou grave-o em seu telefone e ouça quando precisar de um lembrete positivo. Respire fundo e expire pela boca aberta antes de ler.

Estou encontrando momentos de alegria ao não apressar o meu processo.

Eu não tenho que ver a luz no fim do túnel hoje, mas estou aberta a receber alegria quando ela chegar.

Estou encontrando momentos de alegria prestando mais atenção aos meus desejos e necessidades.

Eu não tenho que me encolher ou silenciar minha voz ao me curar.

Estou encontrando momentos de alegria ao abordar minha cura de frente.

Eu não tenho mais que me esconder da minha dor.

Estou encontrando momentos de alegria ao manter espaço tanto para a minha cura quanto para a minha dor.

Eu não tenho que escolher uma ou outra. Ambas podem existir e me ensinar alguma coisa.

Celebrar A Alegria

Recordar momentos de alegria pode elevar o nosso espírito e quebrar ciclos de desespero. Mas é preciso prática para se concentrar no que é bom e bonito em nosso passado. Às vezes, nossas memórias difíceis exigem a maior parte da nossa atenção.

Em seu diário, escreva sobre três lembranças alegres. Podem ser pequenos momentos de prazer, uma experiência feliz com entes queridos, ou algo que fez você rir até chorar. Enquanto escreve, mergulhe na memória. Onde você estava? Como foi a experiência em seu corpo? Como você pode recapturar um pouco dessa alegria hoje?

Retorne a esta prática quando se sentir sobrecarregada por memórias difíceis. Incline-se para o bem. Preencha-se com toda a alegria. Sinta o prazer em seus ossos.

Diário

A Cura: Um Processo Ativo

Dra. Yaba Blay

Alex Elle: Quem é você e o que você faz?

Dra. Yaba Blay: Você está me fazendo essa pergunta em meio ao que parece ser uma prolongada crise de identidade e, talvez não seja uma crise — talvez seja a cura. Eu sou uma educadora. Sou uma contadora de histórias. Sou criativa. Eu costumava me chamar a "Rainha das Ideias Brilhantes" porque adoro ideias. Acredito que sou uma curadora. Digo isso hesitantemente, só porque eu sei que as pessoas têm suas próprias noções de quem um curador é ou o que é a cura. Parte da minha cura é me olhar no espelho. Estou trabalhando ativamente para me nomear e reconhecer o que faço e quem sinto que sou.

Eu tenho doutorado em Estudos Afro-americanos e Mulheres e Estudos de Gênero. Quando eu era estudante de pós-graduação, um dos únicos planos de carreira já discutidos foi uma posição estável. Estar no meio acadêmico me levou a perceber seu impacto em mim. Somos valorizados com base no ensino, pesquisa e serviço. Quando me formei, não tinha um emprego. Ao contrário de muitos dos meus colegas, eu não tinha posição estável porque escolhi escrever minha dissertação e não ir para o mercado de trabalho. Eu me formei — tinha terminado, mas eu não tinha um emprego. Parecia que eu estava em uma jornada de cargo atrás de cargo, fosse uma combinação de administração e docência, ou professora. Eu sempre ensinei, mas ainda não tinha essa posição titular. Na época, inicialmente, parecia um fracasso. Eu posso ver a bênção nisso agora porque me proporcionou um nível de liberdade particular. Eu sempre fiz um trabalho criativo, ou o que parecia como a minha própria pesquisa independente, "em paralelo", ao mesmo tempo em que ensinava — não com o propósito de obter crédito acadêmico por isso, mas fazer o trabalho porque eu *queria* para fazer o trabalho. Estou muito ligada ao meu trabalho. Ele reflete minha vida, minhas curiosidades e minha jornada. Este é um dos maiores dons que recebi sendo treinada em estudos negros na Temple University, lar da afrocentricidade.

AE: O que você aprendeu sobre si mesma e sobre a cura enquanto estudava?

YB: Eu estava muito fundamentada no centramento africano como parte da minha metodologia de pesquisa. Eu pude centralizar a mim mesma. Nós não seguimos o caminho tradicional da objetividade onde você tem que, de alguma forma, se distanciar do trabalho. Em contraste, tínhamos que estar conectados ao trabalho da mesma forma, tínhamos que estar conectados ao nosso povo. E por isso sempre foi um presente, porque todo o meu trabalho começa comigo. Eu não tenho que me desculpar pelo que me interesso em fazer. Meu trabalho sobre colorismo é porque eu cresci com a pele escura e cabelos crespos, como uma ganesa de primeira geração em Nova Orleans. Eu sempre fui muito consciente de como me pareço e o que isso significa em termos de como as pessoas veem e estimam o meu valor. O colorismo é a minha vida. Trabalhar para abordar o colorismo é parte da minha cura. Antes de começar meu doutorado, eu tinha um mestrado em psicologia de aconselhamento. Eu era uma terapeuta licenciada e atuava na área. Fui atraída para a abordagem cognitivo-comportamental principalmente por causa da conexão entre o que pensamos e o que fazemos.

Em 2019, deixei a faculdade — não parecia uma partida permanente e ainda não parece, mas decidi não estar nessa roda por enquanto. Eu não estava feliz. O trabalho que me sustentava e me deixava realizada era o trabalho que eu fazia "à parte" Eu amo ensinar, mas ter que trabalhar dentro dos limites acadêmicos era muita coisa. Eu não sabia o que eu ia fazer e, ainda assim, deixei minha posição na Carolina do Norte, voltei para a Filadélfia, onde minha filha e minhas netas estão, e fiquei desempregada. Então o COVID chegou e, felizmente, minha comunidade da mídia social honestamente me sustentou com ofertas de amor e coisas do tipo. Eu me apressei — consultei, falei, mas eu não tinha a "estabilidade" do depósito direto. Mas havia uma sensação de liberdade nisso para mim.

AE: Houve algo em particular que a moldou para fazer a maior cura?

YB: Eu não vejo a cura como um ponto final. É um contínuo processo ao longo da vida. Eu também não vejo a cura como uma coisa que funciona como um cobertor sobre nós. Há partes de nós que precisam da cura de diferentes maneiras. Assim, eu sei que existem partes de mim que se curaram. Há partes de mim que começaram a se curar. Há partes de mim que talvez nunca sejam curadas. Quando reflito sobre mim mesma e olho para a minha identidade e sentido próprio, a cura tem aparecido através da educação e por aprender ativamente a fazer minha própria restauração da alma. Contudo, eu percebo que há partes de mim que ainda precisam de cura. A pequena Yaba ainda precisa dar sentido a certas coisas nas quais ela é experiente; uma Yaba crescida está tentando dar sentido ao que ela está encontrando hoje. Há cura que vem quando vejo pessoas negras prosperando, sobrevivendo e resistindo. Eu posso ser levada às lágrimas por fotos históricas e histórias. Pensar em quem nosso povo sempre foi — é como um ato de conexão que é a prova de que a nossa história não vive apenas lá atrás. A cura é um processo ativo; estar nela é se curar.

AE: Quais modalidades criativas você usou ou está usando para se curar?

YB: A música e a dança me trazem alegria — e o mesmo acontece jogando na internet. Coisas que me trazem alegria me ajudam a me curar. O que é tão interessante para mim é que (e isso poderia ser o meu ascendente em gêmeos) eu amo a ideia de existir uma Dra. Blay e uma Yaba. Existe o trabalho, mas também existe a pessoa. Assim, o que quer que você pense que um estudioso ou professor ou uma pessoa pública é, eu posso ser isso. Mas também sempre serei a Yaba. Eu sou boba. Adoro rir. Amo as mídias sociais — Instagram e TikTok em particular. Organizo vídeos semanais dessas plataformas para a minha comunidade on-line e é tão curador reunir o material e ver que encontramos alegria ativamente, mesmo perante a supremacia branca. Não sei se mais alguém pode fazer como nós. Nosso povo sabe como se divertir. Instintivamente, quer possamos dar um nome a isso ou não, nós sabemos que fisicamente em nossos corpos, existem endorfinas e outras coisas sinalizadas quando rimos e sorrimos. Isso é a cura para mim.

Dra. Yaba Blay *é uma professora, acadêmica-ativista, oradora pública, trabalhadora cultural e consultora.*

LIBERANDO O QUE NÃO LHE SERVE MAIS

Ao longo dessas etapas, fomos aprendendo lentamente a identificar as histórias, a insegurança e a dor que não nos servem mais. É hora de deixar essas coisas irem embora. Se você não se permitir desapegar, achará dolorosamente difícil se curar. Eu sei que liberar nosso trauma do passado como nossa verdade, deixar para trás esses sentimentos de vergonha, culpa e insegurança, pode parecer assustador ou mais fácil dito do que feito. Separar-se do que está nos sobrecarregando exige coragem e a vontade de ser vulnerável consigo mesma e com os outros.

Ao crescer, algumas de nós podem não ter tido o espaço para praticar nomear o que precisávamos ou queríamos. À medida que olhamos para o que significa liberar para receber, o convite é para fazer o seu melhor para deixar o comportamento aprendido de não nomear suas necessidades e vocalizar suas necessidades à porta. Quando liberamos o que já não nos serve mais ou o que está nos impedindo de realmente descascar as camadas de cura, abrimos espaço para novos caminhos para explorar quem somos, a vida que queremos criar e os relacionamentos que queremos ter com nós mesmas e com os outros.

Desapegar abre espaço para algo maior, até mesmo quando é difícil. Temos o poder de nos desdobrar e florescer. A abundância está esperando. Sempre temos uma escolha em nossa cura. Comprometa-se a não esperar mais por algo mágico ou devastador para acontecer antes de começar a fazer a restauração da sua alma. Escolher começar exatamente onde você está na vida é libertador e gracioso. Nunca estamos quebradas demais para começar. Mesmo quando sentimos que estamos em pedaços, podemos liberar a crença de que o quebrantamento é onde encontramos a nossa totalidade.

Desapegar é uma escolha que todas nós devemos fazer.

Podemos ficar presas nos ciclos que estão nos segurando, ou podemos nos livrar das coisas que não estão mais nos servindo. Liberar o que não está mais servindo a você finalmente lhe permitirá começar a preencher seu espaço e a sua vida com as coisas que verdadeiramente alimentam a sua alma.

Conecte-se ao seu poder aproveitando a autoconfiança e liberando a insegurança. Tudo o que você está carregando e tem medo de abandonar lhe foi passado pelos outros. Você pode escolher não se apegar mais a coisas que não são a sua narrativa e a sua verdade. Lembre-se do que você é capaz.

Você está bem no seu caminho para curar seu coração em um nível mais profundo. Mesmo que pense que já fez esse trabalho e não precisa se desapegar de mais nada, pense duas vezes sobre isso. Escaneie sua vida, seus relacionamentos, seus padrões e seus hábitos e veja o que pode estar te mantendo presa, assustada ou desconectada. Lembre-se, nós somos sempre estudantes neste trabalho e nesta vida. Mantenha-se comprometida com as diferentes maneiras que você pode precisar mudar e se ajustar.

Eu a convido a escrever tudo do que está se desapegando no próximo exercício. Olhe para tudo isso e deixe-o para trás — sem mais desculpas para se apegar a coisas, pessoas ou padrões que estão mantendo você emocionalmente refém. Um novo começo está no horizonte. Deixe suas inseguranças e autojulgamento aos seus pés. Separe-se e faça as pazes com a separação.

O Frasco da Liberação

Nesta prática, você precisará de um frasco com tampa e pedaços pequenos de papel. Rotule seu frasco como "Estou Desapegando". Divirta-se decorando seu frasco. Você pode usar adesivos, marcadores, glitter, fitas, tinta, ou qualquer outra coisa que pareça divertida e emocionante. Deixe a sua criança interior brincar, fazer uma bagunça e se soltar. Este frasco será central para a sua prática de cura ao longo das próximas várias semanas. Para o próximo mês, todos os dias, você escreverá algo do qual está se desapegando.

Mantenha o frasco em algum lugar que possa vê-lo. O que vier para se lembrar, anote, dobre e jogue no frasco. No final do mês, é hora de celebrar a si mesma por tudo o que você se desapegou. Talvez você cozinhe uma boa refeição e leia suas anotações. Quem sabe, acenda um fogo em seu quintal e faça um ritual de queimar suas anotações. Ou então, faça isso com um amigo e se reúna para comparar as coisas em seus frascos. Observe como é liberar o mal para que você possa criar mais espaço para o bem. Desapegar é um trabalho duro. É preciso energia e paciência. A prática repetida de nomear as coisas que não estão mais lhe servindo e colocá-las no frasco ajudará seu cérebro a se desapegar também.

Diário

A Cura nas Respostas
Lisa Oliveira

Eu continuamente volto a mim mesma de muitas maneiras, desde meu trabalho como terapeuta até os meus relacionamentos, até mesmo no meu processo de cura. Eu tive uma tendência no passado de associar quem sou e o que faço com a minha carreira. Tenho tentado sair disso e abraçar a presença que eu quero ser no mundo. Estou trabalhando para deixar quem eu sou no mundo de hoje ser suficiente. No momento, isso inclui fazer terapia e manter espaço. Isso também toma forma através da escrita, compartilhamento, criação e conexão.

O que inicialmente me levou a saber que eu precisava de cura é lidar com o abandono e a separação da minha mãe biológica e ser adotada. Eu lutei com a minha identidade e não senti que era suficiente. Eu constantemente questionava por que estava aqui e se eu pertencia ou não.

Essas perguntas me assombraram por um longo tempo e eu me calei sobre elas pelo mesmo tempo. Carreguei um peso enorme sozinha e tinha tanto medo de ser honesta sobre isso.

Eventualmente, chegou ao ponto em que eu não queria mais viver. Ao me deparar com esse acerto de contas, percebi que as coisas não podiam continuar como estavam. Eu não seria capaz de viver se as coisas continuassem a ficar no mesmo. Algo precisava mudar.

Ser suicida me forçou ao processo de descobrir que a cura era mesmo possível. Foi um processo muito lento em que tive muita vergonha por um longo tempo. Sei agora que tudo o que passei foi proposital e necessário. Isso me deu a vida que eu precisava e não sabia que poderia ter na época. Ter uma relação saudável comigo mesma parecia distante em determinado momento. Eu percebo agora que a cura é um processo contínuo.

Há momentos na minha vida agora em que eu volto para algumas dessas histórias antigas, e essa é a prova de que a minha cura não é feita apenas porque eu aprendi um monte de lições e cultivei alguma sabedoria ao longo do caminho. Eu ainda tenho que fazer o trabalho. Diferentes estações exigem diferentes tipos de cura. Cada estação parece e é sentida de forma diferente diversas vezes. Certas circunstâncias da vida trazem à tona partes antigas de mim que eu devo me lembrar de continuar cuidando. É uma jornada contínua que eu sei que nunca vai terminar e é um alívio não achar que ela deve terminar.

Passar pela terapia me levou a entender a importância de encontrar respostas para as perguntas que eu tinha. Durante anos, eu não me deixei explorar — até este ponto da minha vida. O catalisador para uma cura ainda mais profunda começou quando decidi procurar a minha família biológica. Isso me levou a encontrar minha irmã através do site Ancestry.com, o que eu nunca imaginei que aconteceria. Isso abriu tanta bondade e também tanta dor. Essa experiência me permitiu ver partes de mim mesma que eu não poderia ter visto sem tê-las refletidas por essas pessoas com as quais eu tinha essa conexão biológica inata, especialmente minha irmã. Conectar-me com ela e a conhecer pela primeira vez vários anos atrás validou a necessidade de entender a minha identidade, saber de onde eu vim. Isso me ajudou a destrinchar e explorar o desejo inato de estar conectada a pessoas que fazem parte de mim. Encontrá-la foi provavelmente a primeira vez que eu realmente senti que não estava sozinha no mundo.

Houve momentos em que eu disse conscientemente, *eu não estou só*. Mas ao me conectar com minha irmã, eu tive uma sensação em meu corpo de *Nossa, eu realmente não estou sozinha*. Isso trouxe à tona tantos sentimentos. Eu estava grata e de luto. Havia muita tristeza pela quantidade de tempo que passei longe dela e pelos anos que passei ansiando por um sentido de pertencimento, sem saber que ele existia ou que eu chegaria a tocá-lo. Desde então, uma grande parte da minha cura tem sido me desvendar, me sentir sozinha enquanto me permito estar conectada. Sentir-me vista em outros espaços dos quais eu havia me desligado por um longo tempo. Conectar-me com minha irmã me mostrou as áreas que eu ainda precisava nutrir em mim mesma. Ainda estou me integrando e aprendendo a fazer isso até hoje. Mas conhecê-la e, eventualmente, conhecer minha mãe biológica, me permitiu obter algumas respostas às perguntas que eu vinha fazendo toda a minha vida. De certa forma, isso me deu coragem para me enfrentar.

Ao longo dos anos, à medida que explorei minha história de cura, o tempo na natureza tem sido terapêutico e uma avenida de criatividade para mim. Estar em lugares bonitos e respirar profundamente me permite explorar uma parte de mim mesma que parece nutritiva. Escrever também tem sido vital no meu processo de cura. Ao longo dos anos, ele mudou de escrita vinda de um lugar de dor. Em vez disso, comecei a escrever como uma maneira de realmente me entender. Fazer perguntas reflexivas começou a não parecer tão difícil. A cura através da escrita permitiu que eu me explorasse em um nível mais profundo. Eu não estava apenas processando tudo o que estava errado; também comecei a descobrir a autoconsciência. Comecei a ver quem eu era.

O descanso emocional tem sido uma obrigação nesta jornada de conexão, descoberta e encontrar minhas respostas. Sem ele, a cura pode se tornar uma lista de tarefas, em última análise, derrotando o propósito. É muito fácil esquecer isso quando somos bombardeadas com a jornada de cura de todos os outros e com as diferentes modalidades online. Como terapeuta, aprendi que eu tenho que ser intencional sobre descansar, dar um passo para trás, e vivenciar em minha própria vida. É um trabalho árduo e requer esforço intencional. Ainda assim, eu não deveria estar constantemente me curando, crescendo e trabalhando em mim mesma; eu não preciso me transformar em um projeto. O ciclo constante de autoaperfeiçoamento não me nutre.

Ao olhar para trás em minha vida, percebo que eu me curo desacelerando o suficiente para me ouvir, ao estar disposta a perguntar o que está sendo dito e depois responder honestamente. E por continuamente tentar me encontrar onde estou — momento a momento — e permitindo que isso seja suficiente, repetidas vezes, para sempre.

Lisa Olivera *é escritora e terapeuta.*

UM RECADO PARA VOCÊ

Cara leitora,

Você está agora no final de 4 *Passos para A Cura Emocional*. Obrigada por dividir esse espaço comigo. Espero que o trabalho e as histórias desta coleção a tenham deixado se sentindo vista, segura, apoiada e menos só.

Permita que a graça a encontre exatamente onde você está. Meu desejo é que estas páginas lhe ofereçam ferramentas para apoiá-la em sua jornada, esteja você apenas começando ou se aprofundando neste trabalho. Espero que volte várias vezes às passagens que mais te tocaram. Você é tão merecedora de se curar, mudar e crescer. Sei que este trabalho pode parecer pesado e difícil de peneirar, mas vá no seu tempo. Sua cura não vai a lugar nenhum. Você não tem que descobrir hoje ou amanhã. Apenas esteja disposta a tentar o seu melhor assim que estiver pronta.

Permita-se ser um trabalho em andamento. Há muito a descompactar e classificar. Se apressar para terminar não vai tornar a cura menos desafiadora ou mais completa. Você não precisa mais se esconder de si mesma. É possível aparecer e começar a sua cura com uma caneta e papel. Eu sei o quão intimidador isso pode parecer. Sei o quão difícil pode ser permitir que a vulnerabilidade lidere o caminho, mas a vergonha e a culpa não são espaços seguros para você permanecer. Separe-se delas e lembre-se da vida e da cura que você diz que quer ter. Você pode fazer coisas difíceis e criar a vida que deseja, mesmo que aqueles ao seu redor não a entendam ou não estejam prontos para entender o seu caminho.

Nos curamos dia a dia, momento a momento, página por página. Seja gentil consigo mesma e com seus amigos. Estou torcendo por você e aplaudindo de longe. Abra espaço para desmoronar, falhar e tentar novamente. Você pode e vai se curar — lentamente, mas com certeza.

Com muito amor,

Alex Elle

AGRADECIMENTOS

Ao meu marido, eu te amo além das palavras e sou muito grata por seu apoio inabalável e conversas animadas. Você é o meu lugar suave para pousar. Obrigada por ser meu espelho quando minha visão não está clara.

Às minhas filhas, eu as vejo e as adoro. Vocês são a razão pela qual eu me curo com intenção.

À Denisio e à Racheal, obrigada por atenderem os meus telefonemas aleatórios e ouvir as boas e não tão boas interpretações deste livro. Eu precisava do seu amor, apoio e cutucadas para ir mais fundo. Sua atenção e paciência significam mais do que vocês imaginam.

À minha mãe e minha avó, vocês ajudaram a pavimentar o caminho. Sem vocês não haveria eu. Tem sido lindo conhecer vocês duas como mulheres. Suas histórias me mostraram muito sobre graça, compaixão e conexão. Vocês continuam a me ajudar a me curar ao longo do caminho.

À minha agente, Cindy Uh. Você é um sonho em forma humana. Como tive tanta sorte? Eu não poderia fazer este trabalho sem você. Obrigada por ser uma rocha e um lugar de paz durante todo esse processo. Você é verdadeira.

Às minhas editoras, Rachel Hiles, Sarah Billingsley e Leigh Saffold, e à designer, Vanessa Dina, sua gentileza, graça e advocacia terão um lugar guardado sempre. Obrigada por ver e acreditar no meu sonho.

A toda a equipe da Chronicle Books, sua crença no meu trabalho é muito importante para mim. Obrigada por todo o seu trabalho árduo e esforço. Tenho orgulho de publicar livros com uma casa tão atenciosa e gentil.

A Dra. Yaba Blay, Tabitha Brown, Dra. Thema Bryant, Glennon Doyle, Luvvie Ajayi Jones, Nneka Julia, Sara Kuburic, Chriselle Lim, Morgan Harper Nichols, Lisa Olivera, Megan Rapinoe, Barb Schmidt e Nedra Glover Tawwab, suas histórias ficarão comigo eternamente. Obrigada por sua vulnerabilidade, irmandade e honestidade. Nossas conversas me mudaram para sempre.

A cada leitora dos meus livros, alunas dos meus cursos, e minha comunidade on-line e off-line, esta coleção não teria sido possível sem o seu inabalável amor e apoio. Obrigada por confiar em mim e estar nesta jornada comigo.

Este livro foi impresso nas oficinas gráficas da Editora Vozes Ltda.,
Rua Frei Luís, 100 – Petrópolis, RJ.